高盛前交易員教你
大人、小孩都看得懂的幸福經濟學

金錢的另一端是「人」

田內學 著　張佳雯 譯

各界推薦

對於金錢的盲目崇拜及追逐，是當代許多人的痛苦來源卻渾然不覺。然而，若能看穿金錢另一端的主體：人，以及看見更大的整體社會脈絡，我們都能打從心底感到幸福。金錢的珍貴意涵，不僅是我們能透過金錢帶給他人幸福，還有別人爲我們付出的一切：那些我們不擅長做、不願意做或沒有時間做的事，卻因爲有了他人協助及代勞，我們才能過上相對游刃有餘的生活，整體社會才能維持運作。

無論工作或財富，說到底都是爲了「幸福」。書末最後的思考題，歡迎你加入增添幸福的行列，一起找出答案。

——**洪培芸／《人際剝削》作者、臨床心理師**

很贊同作者所言：「經濟的問題不是交給專家就好，自己也要思考，未來的社會才會變得更好。」本書透過生活化的問題，來幫助讀者了解經濟運作的本質和原理。不僅是增長知識而已，更能成為我們生活智慧的一部分，不再人云亦云，做出更正確的判斷！

——愛瑞克／《內在原力》作者、TMBA共同創辦人

對很多人來說，經濟學、金融、外匯等等，都像是遠在天邊的專業知識，和我們的生活沒什麼關連，只要好好工作賺錢，一天過著一天就好了。但本書的作者田內學非常厲害，能用淺顯易懂的方式說明經濟的來龍去脈。他除了是東京大學資工系所的高材生，也在知名的投銀高盛銀行待過十六年，負責日本國債、日圓利率衍生性金融商品、長期匯兌等交易，交易量一度高達數千億日圓，是個實實在在金融市場討生活的人。

能寫出這樣平易近人的金融相關書籍，除了要有豐富的專業知識外，更要有強大的觀察力，才能把「金錢」與「人的勞動力」看得如此細微。很多人不懂金錢的眞正意義，本書說明了爲什麼勞動力才是最重要的，付錢只是把問題丟給圈圈外的人，然而，一定要有「人」才能夠解決問題。但是現代人普遍有著「金錢萬能」的錯覺，越年輕的一代越容易有這樣的思維，甚至覺得投資就是賭一把，只想賺大錢卻走錯了方向。

書中這段話我很喜歡：「思考經濟的時候，請把金錢挪開，去看看在背後的人。當你拿到錢的時候，就是你讓某個人幸福的時候。付錢的時候，則是有人在爲你勞動。是誰在勞動，會讓誰幸福，只要思考這一點，經濟可以既簡單又直覺。」

金錢的另一端是人，作者有著強大的使命感，寫出這本書，這是我想做卻做不到的。從書中可以感受到作者的眞誠與用心，我願推薦這本好書給大家，讓我們繼續爲這個社會付出。

——畢德歐夫／投資理財專欄作家

前言

經濟術語是用來「欺騙大眾」

「房間裡有兩對母子，但是只有三個人。爲什麼？」

小時候我很喜歡看《腦筋急轉彎》，猶記得書中有這樣的謎題。如果受限於常識，就無法解開謎底，書中充滿各種像這樣的謎題。

這道謎題的正確答案是：「房間裡有女兒、母親、祖母三個人」。「女兒和母親」「母親和祖母」正是兩對母子。

這本書中所有的謎題，解答時都不需要特別的知識。在思考任何一道題目時，不論小孩或大人，大家都可以站在相同的起點上。

最嚴重的經濟問題

長大後，某個晚上，打開電視，看到經濟學專家們正議論紛紛。專家們討論著利息政策的改變，以及對經濟的影響等問題。

我馬上就轉台了。無聊的經濟問題就交給專家們去煩惱，還是看益智問答節目比較有趣。

不論是益智問答節目或《腦筋急轉彎》，一看到「謎題」，就會讓人不自覺的思考。但是碰上「經濟問題」，我們卻只想丟給專家，怎麼會這樣呢？明明經濟問題也對自己有所影響。

我們所處的社會有許多經濟問題。

其中最嚴重的莫過於——

幾乎所有的人對經濟話題都漠不關心。

我也不例外。或許你也是如此？

孩提時期，每個人都對各種事物充滿好奇和疑問。連經濟和金錢，應該也曾經很有興趣。

「既然鈔票這麼値錢，爲什麼不能自己印一些來花用？」

例如有了這樣的疑問。自己百思不得其解，所以跑去問大人。得到的答案是：「印假鈔會被警察抓起來喔！」

「啊？爲什麼？自己印鈔票是壞事嗎？」

孩子又接著冒出新的問題，這次大人回說：「鈔票印太多，錢就沒有價值了。」這樣說起來，也難怪超市裡那些賣不出去的香蕉會打折出售。所以同理可證，錢太多，價值就會降低。孩子會如此聯想。

但是還有問題。聽說日本光靠向國民收稅金仍不夠開支，還借了很多錢。

「既然錢不夠用，那還是多印一些鈔票來用吧？」

這次換專家上場告誡：

「爲了避免惡性通貨膨脹，央行必須控制紙鈔的發行量。」

專業術語出現的當下，頓時就讓人對經濟失了興致。一旦不感興趣，也就不會再深入思考，「反正事不關己，經濟的事情就交給專家去處理」。

其實，這個問題的答案格外有意思，但是因爲不懂專業術語，所以還沒問個明白，就先打退堂鼓了。

我在出社會之前，也是道地的門外漢，進到高盛之後，才開始去思考經濟問題。在高盛，我負責日本政府借貸，也就是日本國債，以及利率衍生性商品。交易的客戶包含銀行、保險公司等金融機構，還有全球的對沖基金，交易量一度高達數千億日圓。

這份交易員的工作，如果對經濟有所誤解，可是會掉腦袋的。任職的十六年間，我一直都在思索經濟、政府舉債等等「金錢」議題。然而，自己思考的時候，並不需要專業術語。專家使用專業術語，是爲了想要唬弄對方。沒有人可以一邊欺騙自己還一邊思考。

會覺得經濟話題高深莫測，絕對不是你的問題。

只要不使用專業術語，所有人都能站在同樣的起點來思考。所以本書完全沒有任何專業術語或複雜的算式，出現的算式只有加減法程度而已。說起來，我原本就不擅長使用專業術語。

寫這本書的契機，是因爲遇到兩個有關經濟的「謎題」。

其一是「政府舉債之謎」。日本政府有一千兆日圓的負債，爲什麼沒有破產？全球對沖基金都在賭日本會破產，想要賣空日本國債，藉此大撈一筆。但幾乎都是虧一屁股，鎩羽而歸。他們沒有解開這個謎團。

其二是我小學時想不透的「蕎麥麵之謎」。

我的父母親在小鎮開了一家蕎麥麵店維生。只有爸媽兩個人經營的蕎麥麵店，二樓就是一家人的住處。

星期六白天，在一樓的客人吃著一盤四百日圓的蕎麥麵，而在二樓的我吃著同樣的麵，但是免費。兩者都是父母親手做的蕎麥麵。

在一樓吃蕎麥麵的客人中，有人一個勁兒的說「付錢的人是大爺」，一副高高在上的模樣。我對於做餐點的的父母，從來沒有擺過高傲的姿態，這也是當然。

那究竟爲什麼爲客人做餐點的父母地位比較低？我對於不合理的成人世界感到不可思議又莫可奈何。

「錢有這麼了不起嗎？勞動的人不重要嗎？」

這是一直潛藏在我腦海某個角落的謎題。只要是勞動的人，應該也曾經有一、兩次浮現同樣的疑問，卻因爲覺得這是經濟問題而放棄思考。

在高盛這種完全就是資本主義正中心的公司工作，我深信金錢絕對不偉大。經濟一定是以人爲主體，而不是錢。

這不是什麼道德論述，而是在談經濟。

經濟問題追根究柢，不是金錢，而是「人」。

事實上，「蕎麥麵之謎」和「政府舉債之謎」根本性質都是一樣的。

堪稱是金融、經濟專業好手的避險基金無法解開「政府舉債之謎」，是因爲無視「勞動的人」，只看見錢。

經濟的主角是「人」自不待言。誰在勞動？會讓誰幸福？從人出發來思考經濟，就能夠很直覺的抓到核心。

本書由三個部分所構成。第1部從打破我們對金錢的過度信任開始。對於具有獲得物品能力的金錢、代表價值的金錢，絕對不能過於相信。消除對金錢的執念，才看得到人與人之間的關係。

在第2部中，將經濟的主體擺放在「人」，而不是錢，從零開始思考。經濟是爲了人而存在，任何人都不要被「爲了經濟」這種說詞所矇騙。推崇用錢砸出來、強調「經濟效益」的政策，只會讓我們筋疲力竭。

第3部思考的是整個社會的問題。事實上，社會整體的問題並非用錢就可以解決。不以錢而以「人」爲中心思考，才能夠看到問題的本質。同時也去思索，如果想解決問題，我們現在該怎麼做。

讀者之中，應該有些人對於社會問題比起第1部的金錢議題還要感興趣，也有人覺得自己已經十分了解金錢。但希望這些讀者還是按部就班，從第1部開始看起，如果直接跳到第3部，會認爲這只是錢的問題。

在本書的最後，有一道謎題希望大家一起思考。書末的這道謎題，我還沒找到答案，這也是我寫這本書的動機，希望能夠集思廣益。

「經濟的問題不是交給專家就好，自己也要思考。如此，未來的社會才會變得更好」。

藉由這本書，希望能夠讓你產生這樣的想法。

目次 contents

QUESTION

如果所有人都想在星期天放假休息，為此所做的準備之中，以下哪一項不適合？

A 平日就先把學校作業或報告做完

B 平日就先把洗衣服、打掃等家事做好

C 平日就去打工或上班，把要用的錢存起來

第1話　為什麼不能自己印鈔票？　034

第2話　為什麼在家庭以外要使用金錢？　054

第2部　「社會的錢包」沒有外面　110

QUESTION

要怎麼做，才能夠增加社會整體的金錢？

A　把錢存在銀行生利息
B　大家都工作賺錢
C　基本上無法增加

第9話　因為鈔票印太多，所以物價才會上升？ 198

第1部

「社會」在你的錢包之外

QUESTION

1

如果所有人都想在星期天放假休息，為此所做的準備之中，以下哪一項不適合？

A 平日就先把學校作業或報告做完

B 平日就先把洗衣服、打掃等家事做好

C 平日就去打工或上班，把要用的錢存起來

ANSWER

C

平日就要去打工或上班，先把要用的錢存起來

我們生活的社會，是靠每個人互助合作。

對於身處於資本主義正中心的我，這樣的開場白可能會讓你不禁皺起眉頭，想知道我葫蘆裡到底賣什麼藥。說得這麼冠冕堂皇，是不是想要騙人？

的確，在現代社會，感受到大家互助合作的機會非常少。

「支撐我生活的是鈔票！我每天都是靠自己或家人賺的錢過活。」

如果你是抱持這樣的想法，那就找不到這道謎題的正確解答。你一定會認爲，如果想要在星期天休息，只要平常好好工作，先把錢存起來就好。

但是，C是最不適合的選項。因爲如果星期天都沒有人工作，那你要怎麼花錢？

如果沒有勞動的人，金錢就會失去功用。

你可能會覺得星期天大家都休息的問題太過脫離現實，那把「星期天」換成「老年」呢？

「如果所有人都想在老年退休不工作，爲此所做的準備之中，以下哪一項不適合？」

雖然並不會所有人都同時步入高齡，但是少子化的情況下，勞動的人相對減少是不爭的事實。就像原本的謎題一樣，光靠存錢，並無法解決根本性的問題。但是我們卻往往把「老年的問題」想成「錢的問題」。

認爲是金錢在支應生活，那就會只對自己錢包裡的錢感興趣。但是，我們要安穩度過一天，是需要數萬人一起運作，即使我們一整天都待在家也一樣。

早上起床，扭開水龍頭就可以喝到水，並不是因爲你付了水費，而是因爲有很多你看不見的人工作著的結果。

管理水源地的人、檢測水質的人、修繕水管的人——能喝到一杯水是靠他們的功勞。如果是在沒有人工作的無人島，就算你付了錢，也沒有水可以喝。光是過一天，就需要無數人的支援。

同樣的，你的工作也正在支援著某些人。在家裡做家事，也是在幫助家人。在家裡以外的地方，則是透過工作幫助你不認識的某人的生活。

即使是很難具體感受到對誰有幫助的工作，一定也有「客人」。回溯你所拿到的每一分錢，一定可以找到某個人。你一定是幫助了某個人。

廣大的社會在你的錢包之外。我們每個人都是互助合作的社會裡的一員。但是，如果只看著自己錢包裡的錢過生活，登場人物就變成只有自己了。把社會的一切和自己切割，才會產生「有錢就可以過活」的錯覺。

爲了消除老年生活的不安，很多人都相信，只要有足夠的存款就能夠高枕無憂。但是，這就像一個人握著大把的鈔票在森林裡徘徊，是不可能走向幸福的未來。

我們會迷失在森林裡，是因爲手上拿的「經濟羅盤」並不正確。那個羅盤現在只標示著「金錢有價值」。

經濟羅盤

△金錢有價值

我們所知道的金錢，只局限在自己的錢包裡。

要如何賺錢？

或是要如何賺更多錢？

亦或是，怎麼樣才能存到錢？

但是對於「錢包以外」的世界，我們幾乎沒有機會去思考。

每一個人並非獨自走在各自的森林中，我們都走在同一片森林裡，靠彼此互相支援在生活。只要有正確的羅盤，你就會看到在森林裡互助合作的人們。有了正確的羅盤，就不會迷路。

在第1部，我們要一邊望著錢包以外的世界，一邊提高經濟羅盤的精準度。首要之務，就是修正我們所相信的金錢價值。

第1話

為什麼不能自己印鈔票？

如果紙鈔有價值，那麼，多印些紙鈔就能增加社會整體的價值。
但自己印紙鈔卻是被禁止的。
理由就隱藏在我們開始使用紙鈔的歷史中。

QUESTION

2

日本人為什麼開始使用紙鈔？

A 因為可以換黃金

B 因為不得不繳稅金

C 因為有日本銀行擔保價值

ANSWER

B

因為不得不繳稅金

紙鈔本身沒有價值

如果突然給你一張從來沒看過的紙鈔，你會怎麼想？

某天，你經營的花店來了一位客人，他說「我想買花」，然後拿給你一張像是紙鈔的東西。看起來很像外國的紙鈔，但是究竟價值多少讓人沒有頭緒，甚至還懷疑這到底是不是錢。如果是這樣，你八成不會答應他拿這張紙鈔來交換你寶貴的商品吧！

沒看過的紙鈔，就無法感受到價值。即使是我們平常使用的紙鈔，換個立場也會發生同樣的事情。你把一萬日圓紙鈔拿給住在亞馬遜深處、完全不知道日本存在的人，對方應該也不會跟你交易。

我們無法讓他們感受到一萬日圓紙鈔的價值。也就是說，一萬日圓紙鈔本身並沒有價值。

那麼，爲什麼我們會覺得紙鈔有價值？

查字典，或是翻閱專業書籍，會看到開宗明義寫著「因爲有政府擔保，所以大家信任其價值」，接著解釋政府、央行如何維持、保證紙鈔的價值。

提到金錢的話題，免不了讓人昏昏欲睡。

的確，因爲有政府保證價值，所以才能使用紙鈔。但是究竟有多少人在使用紙鈔時會意識到這件事？

「因爲大家都在用」「因爲大家都相信有價值」，應該大多數的人都是基於這樣簡單的理由在使用貨幣。

不過，實際上在日本也有感受不到紙鈔價值的組織。

那就是日本銀行。

他們會銷毀大量的紙鈔。

這裡就隱藏著解開紙鈔價值的提示。

所有的票券都是「未來的約定」

以前參加日本銀行的參觀活動，聽說可以拿到裝有一萬日圓紙鈔碎紙的原子筆。

把一萬日圓紙鈔絞成碎紙也太浪費了吧！

爲什麼日本銀行要銷毀紙鈔呢？

端詳紙鈔，可以看到上面印著「日本銀行」。紙鈔是「券」，也就是「票券」的一種。

旅遊票券、百貨公司禮券、電影票，還有小時候送給爸媽的搥背券，**所有票券的共通點，就是「未來的約定」**。發行票券的人，和持有票券的人有「約定」。電影票是約定可以看電影，搥背券是約定會幫忙搥背。

舉例來說，你在母親節送了十張每次三十分鐘的搥背券給媽媽。

媽媽馬上用了一張。但是一次要搥背三十分鐘實在太累，你有點後悔送了十張。

莫可奈何，還得搥背九次。之後的第二次、第三次，你都幫媽媽搥背。

但是第四次使用搥背券的是鄰居婆婆。她把庭院裡收成的柿子送了十顆給媽媽，所以媽媽回贈了兩張搥背券。

第五張搥背券的客人是住在對門的國中生。他幫婆婆打掃庭院，所以婆婆送他一張搥背券。

只是寫著「搥背券（每次三十分鐘）」的紙張，不僅換到了柿子，還換到了打掃庭院的服務。這已經不是單純的紙張了，它和紙鈔有同樣的功能。你問了媽媽，她說手邊已經沒有搥背券，剩下的好像都送給別人了。

第六張、第七張都是幫不認識的人搥背，但是之後就沒人來兌換。你的搥背服務在這一帶大受好評，所以剩下的三張搥背券就像紙鈔一樣在市場上流通。

現在街上大家都能感受到這張紙的價值。如果這張紙掉在路邊，撿到的人一定會收到錢包裡。

會把掉在路上的揹背券銷毀掉的，就只有一個人，那就是你自己。對你來說，那張揹背券就是讓你得勞動三十分鐘的麻煩存在。

同樣的，日本銀行的票券，對於發行者日本銀行來說，只有負面價值。銷毀就是從未來的約定中解放。

那麼，日本銀行應該對紙鈔實現的「約定」是什麼？

紙鈔原本是黃金的交換券

很久以前，紙鈔是約定可以交換黃金。

本來紙鈔就是存放黃金時收到的「保管證明」。

在紙鈔還不存在的時代，只能用黃金或白銀支付。但如果是很大筆的交易，帶著大量的黃金實在太危險。

因此，要付錢的買家，先把黃金寄存在兌換商那裡，然後將保管證明交給賣家就算完成支付。只要拿著保管證明找兌換商，隨時都可以換成黃金。

不需要每次交易都去寄存或兌換黃金，收到的保管證明可以用於下一次交易，如此保管證明就相當於現在的紙鈔。

經過時代演進，變成能夠發行紙鈔的只有日本銀行。日本銀行的金庫保管著一兆日圓的黃金，拿著紙鈔到日本銀行，隨時都可以換到黃金。

紙鈔的出現，讓我們可以不用帶著黃金四處走，但是又有新的問題產生。隨著貨幣經濟發展，需要更多紙鈔，另一方面，黃金的量卻有極限。如果沒有採掘或進口黃金，那就無法發行更多紙鈔。

因此後來修改了法律，免除了日本銀行用紙鈔換黃金的義務。即便如此，也沒有人會感到困擾，因爲那個時候大家都已經習慣使用紙鈔，就像我們現在相信紙鈔的價值。

然而，放任讓日本銀行隨意發行紙鈔也不行，所以就用日本國債※來取代黃金。日本銀行發行十兆日圓的紙鈔，就代表用紙鈔買了十兆日圓的國債，因此新的紙鈔可以在市場上流通。

將支撐紙鈔價值的黃金變成國債，但是你拿著紙鈔並無法兌換國債，日本銀行根本沒有遵守約定。然而，即便如此，我們還是想要紙鈔。

我們是不是被騙了？

並非如此。事實上是「被威脅」。

※所謂的日本國債是日本政府發行的債券。如同日本政府借錢的借據，持有者可以定期收到利息，一定期間後返還本金。

胖虎演唱會門票銷售一空的理由

有時候，我們會因爲與約定不相干的理由而需要票券。

《哆啦A夢》中的胖虎，每次演唱會總是高朋滿座。沒有人想聽五音不全的胖虎唱歌，可是大家都想要他的門票。

理由很簡單，因爲如果不去聽演唱會會被胖虎修理。換個說法，胖虎的演唱會門票是約定「不會被胖虎揍」。

事實上，我們使用紙鈔也有同樣的理由。因爲沒有鈔票會被關進大牢，所以我們才想要鈔票。或許你不相信，但眞的有那種法律。

那就是納稅。在日本，稅金一定要用日圓貨幣繳納。稅金滯納會被國稅局催繳，如果還不繳，就會被關進牢裡。因爲有這些法律條款，所以我們才使用日圓。

日本人爲什麼開始使用紙鈔？選項B「因爲要繳稅」是正確答案。紙鈔可以換黃金（A）、有日本銀擔保價値（C），都無法成爲大家需要紙鈔的理由。

日本一直到江戶時代，都還是使用白銀、銅錢、金幣等貨幣，或是米糧等不是日圓的東西來買賣商品、支付薪水。要到明治時代，日圓貨幣才突然開始普及。最大的推手，就是一八七三年的租稅改革。上歷史課背年號的時候，我並沒有意識到這是多麼重大的事件。

歷史課的重點是放在「無論米糧收成多寡，土地所有者一律要繳稅」。但是從金錢歷史的觀點來看，更重要的是「繳稅只能用日圓貨幣」。

從此以後，繳稅不是用黃金、白米，也不是美元，而是一定要用日圓貨幣。不繳稅會被抓去關。因此，即使不相信日圓的價値，納稅者也必須取得日圓貨幣。

如此一來，因爲徵稅而加速了日圓貨幣的流通，使日圓成爲可以跟任何人交易的貨幣。

「稅」驅動金錢循環

從以前開始，稅和貨幣就有密不可分的關係。

江戶時代，農民上繳一部分的米糧作爲稅金，也就是年貢米。武士的薪水是以米糧支付，米糧隨時都可以交換金、銀、銅等貨幣。所以累積米糧，就是累積財富，具有一部分金錢的功能。

回溯到七世紀，建都於飛鳥和奈良的律令時代也是如此。所謂的租庸調稅制，是用白米、棉布、絹布，以及錢幣來納稅。當時流通的貨幣也是米、棉布、絹布、錢幣，把這些貨幣拿到市場上，就可以換到自己想要的東西。

爲什麼要用貨幣徵稅？

又到底爲什麼要徵稅？

稅金會流向「為大家工作的人」

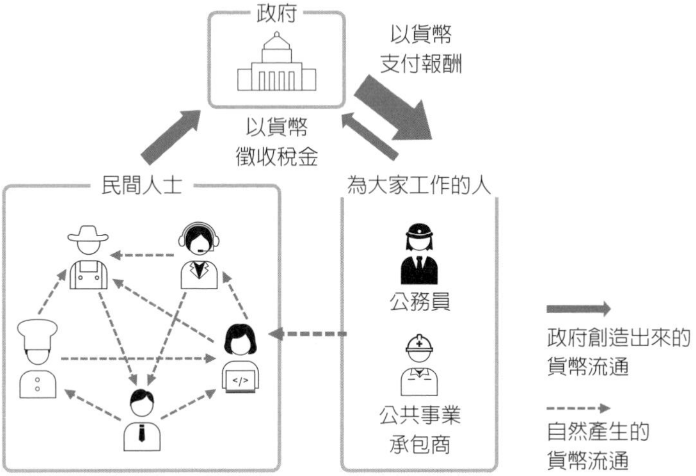

政府本來就應該爲人民打造更美好的社會。雖然在不同的時代，有些政府主要是服務統治階層，但是如果沒有顧及人民百姓，絕對會兩敗俱傷。

要創造更美好的社會，當然互助合作不可或缺。租庸調的「庸」，是對人民課以勞役義務，強制人民爲大眾勞動，但此舉卻大大的限制了人民的自由，而且要人民在國內移動，也很沒有效率。

因此就產生了「納稅」的方法，讓大家分擔責任。

收到的稅金，就支付給

「爲大家工作的人」。

在律令時代，稅金所收到的貨幣，會支付給公務員，以及建設奈良平城京的工人。在貨幣剛開始流通的年代，勞動者初次見到貨幣，可能還會狐疑，「這是什麼玩意兒？」對他們來說，能滿足食衣住的物資，遠比搞不清楚用途的貨幣來得有用。

另一方面，卻有人想要貨幣，就是必須繳稅的那一群人。如果他們手上有多餘的白米，就可以和持有貨幣的公務員或工人交換。於是就有了可以用貨幣買米的商店。

同樣的模式，販賣魚、鹽、陶器的商店也陸續出現。最初搞不清楚用途的貨幣，成了可以交換各種物資的便利物品。大家保留一部分貨幣來繳稅，然後再次分配給「爲大家工作的人」。

就這樣，靠著租稅系統讓貨幣流通普及化，在社會中形成循環。這套機制不論在律令時代或現代都沒有改變。

現代的稅金，除了用於教育、警察等公共服務之外，還用於道路等基礎建設、年金、醫療等等。而「爲大家工作的人」範圍也很廣，不只有公務員，還有學校的老師、警察、建設公司的從業人員、醫療從業人員等，他們的報酬都是直接或間接以日圓支付。

談到這裡，再回到開頭的問題：

「爲什麼不能自己印鈔票？」

只要思考自己印鈔票的情況，就會知道答案了。

如果在家裡印鈔票會怎樣？

這是一個由雙親和四兄弟組成的六人家庭。孩子們都只會玩手機，從不會自動自發幫忙做家事。因此父母心生一計，要製作家庭內流通的紙鈔，然後徵稅。

擔任中央銀行角色的父親，在紙上寫下「一馬克」，再蓋上自己的印章。就這樣準備了一百張一馬克紙鈔。

而擔任政府角色的媽媽，寫了一張「借一百馬克，一年後還」的借據給爸爸，然後拿走這一百張一馬克紙鈔。這個借據就是國債（政府借款的借據）。

爸爸持有一百馬克的借據，所以發行了一百馬克紙鈔。這和日本銀行持有國債，發行日圓紙鈔的情況一樣。

媽媽雖然手上有一百馬克，但是因爲跟爸爸立了借據，所以有還款一百馬克的義務，並不會因爲發行紙鈔就成了大富翁。在這個時間點，還沒有人感受到一馬克的價値。

至此準備完畢。

某天晚上，媽媽請四兄弟幫忙準備晚餐。媽媽發給四兄弟每人五張一馬克紙幣當作零用錢。

「咦？這些紙是什麼？」大哥嘟囔著。

媽媽跟大家說明：

「從現在開始，爸爸和媽媽都要專心在公司的工作上，請大家自己做家事，你們也會拿到相對的報酬。負責煮飯的人每天有十馬克，負責洗碗的人每天有五馬克，洗衣服每次十馬克。」

最後，媽媽對著一臉茫然的孩子們說：

「還有，從今天開始要繳稅。稅額爲每個人每天五馬克，將來可能會再調整。沒有繳稅的人就不能用手機。」

「咦——！」

手機對四兄弟來說是生活必需品，所以是具有強制力的徵稅。在這一瞬間，四個人手上的紙張馬上就有了價值，這是紙鈔誕生的瞬間。

以孩子們的觀點來看，馬克是有價值的，但另一方面，從家庭的角度來看，紙鈔並沒有爲這個家庭帶來價值。因爲即使印製了一百馬克的紙鈔，這個家庭的生活並沒有變得更寬裕。

但是因爲新紙鈔和稅制的引進，四兄弟開始自動自發。負責煮飯的長男和負責洗碗的次男，就像是爲了大家工作的公務員。四男負責洗衣服這項公共事業，每天接受一次訂單。

對家事不太在行的三男，每天教四男功課，四男會給他五馬克。三男就像是在經營補習班一樣。這麼一來，四兄弟都有錢可以繳稅。引進馬克之後，創造出大家互助合作的社會。

不久之後，除了繳稅之外，需要用錢的狀況變多了。長男給次男五馬克，請他幫忙打掃自己的房間；次男則用四馬克買了四男摘來的花。使用紙鈔的貨幣經濟，不只用於公共服務，也擴及民間服務，紙鈔開始在這個家庭普及流通。這就是我們所使用的紙鈔。

從這個家庭紙鈔例子，我們了解到，紙鈔本身並沒有價值。引進賦稅制度，紙鈔才開始對每個人產生價值。爲了取得紙鈔，大家互助合作。

到這邊，我們可以將經濟羅盤改寫如下：

經濟羅盤

△~~金錢有價值~~

←

△對個人來說，金錢有價值

△對社會全體來說，金錢本身沒有價值

影印紙鈔，將沒有人工作

那麼，如果四兄弟開始影印馬克紙鈔，會發生什麼事？

四兄弟可以從煩人的家事中解脫。只要用影印的紙鈔來繳稅就好，沒有必要勞動。

但是，有人會因爲他們不勞動而困擾。

不是媽媽（政府）。困擾的是四兄弟自己。

因爲沒有人要爲大家工作了。四兄弟每個人都得自己做飯、自己洗衣服。

不是馬克紙鈔在支撐生活。而是四兄弟爲了賺取馬克紙鈔，一起工作在支撐生活。

不能自己印鈔票，不是因爲「價値會變薄」。

而是因爲「大家會變成無法互助合作生存下去」。

不論是只有四個人的社會，還是一億個人的社會，本質上都一樣。

但這裡有個地方要注意。

四兄弟的家庭只是一個比喻，一般在家庭中並不會用錢讓家人爲我們工作。但是在家庭之外，如果不使用金錢，就無法生活。

爲什麼在家庭之外要使用金錢呢？

這裡隱藏著提高羅盤精準度的提示。

第2話

為什麼在家庭以外要使用金錢？

在家免錢樣樣好，出門沒錢事事難。家裡和外面究竟有何差別？這當中隱藏著金錢的力量。如果誤解了金錢的「交換功能」，就無法找出這個問題真正的答案。

QUESTION

3

建造新國立競技場花費了一千五百億日圓。那麼，埃及建造金字塔，換算成現在的貨幣要多少錢？

A 四兆日圓

B 一千兩百五十億日圓

C 零元

ANSWER

C

零元（不用花錢）

用「預算」蓋了新國立競技場？

二〇一九年十二月，位於東京霞丘的新國立競技場竣工。爲迎接東京奧運所建造的這座競技場，在工程開始之前就碰上大麻煩。如果按照計畫，總工程款將超過三千億日圓以上，是當初預算一千五百億日圓的兩倍以上。

緊急變更設計之後，終於能在預算內完工。這類國家級專案要成功，最重要的就是先確保預算。有了預算之後，接下來只要控制在預算內完工即可。

資料雖然有點久遠，但曾經有人試算過，如果在現代要建造埃及金字塔，總工程費需要多少。金字塔規模和國立競技場相去不遠，大約要花一千兩百五十億日圓。但是在古埃及建造金字塔的時候，並沒有現代化重機具，一切都採用人力施工。假設以當時的工法，費用會暴增到四兆日圓。

四兆日圓，是在現代社會建造金字體的總工程費。但實際上，地球並不存在花費四兆日圓蓋成的建築物。

會特別寫「地球上」，是因爲「宇宙中」有一個，那就是漂浮在衛星軌道上的國際太空站。四兆日圓果然是天文數字。

既然如此，古埃及王國在建造金字塔的時候，要如何先確保有這麼龐大的預算？圖唐卡門的面具是黃金製的，所以他們應該持有大量的金幣或金塊吧？

讓我們回到四千五百年前……

時空跳躍回到西元前二十六世紀，你坐在埃及國王的寶座上。親信隨侍在側，等候你的指示。

「請問國王，要建造金字塔，我們要從哪裡開始準備？」

你想著，首先應該籌措四兆日圓的建造費用，所以你帶著親信來到寶物庫，期待裡面有大量金幣。然後你打開大門……

裡面卻一枚金幣也沒有。

沒有金幣，那就來鑄造。你這樣想著，馬上下命令：

「首先要有黃金。立刻去開採金礦，趕快去挖！」

親信露出疑惑的神色反問你：

「爲什麼國王要這麼做？我們要建造的是金字塔啊！」

喜歡歷史的人應該已經注意到了，當時埃及並沒有貨幣存在，沒有人會爲了要賺錢而工作。

埃及國王不需要準備錢來建造金字塔。只要國王一聲令下，就可以使喚大量的工人上工。

但是不能讓工人「免費工作」。根據紀錄，有發放食物、衣物等作爲工人的報酬，甚至還有啤酒。而配給的食物、衣物、啤酒，又是由另一群勞動者所製作。

建造金字塔，完全不需要錢。

需要的不是確保預算，而是**確保勞動力**。

吃到飽餐廳不可能「吃回本」

從古埃及時代歷經數千年的時間，到了使用貨幣的現代社會，我們的生活有了巨大的改變。投一百日圓硬幣到自動販賣機裡，不管是果汁也好，茶飲也罷，想喝的飲料馬上就可以取得。讓人有種硬幣直接變成飲料的錯覺，但其實，這背後一定有誰在工作。

「我可以理解製造物品需要勞動。但是取得原料或材料，不也需要錢嗎？」

你可能會這樣認爲。但是回溯製造物品的過程，所謂的「原價」並不存在。

去吃到飽餐廳用餐，你一定會想著要「吃回本」。

假設你到每人單價四千日圓的吃到飽餐廳好了。這家餐廳最受矚目的是一百公克要價五百日圓的牛排。

一定很多人會這麼想：

「吃八百公克牛排就回本了，其他多吃就是多賺。」

的確，八百公克牛排就要四千日圓，而且還沒算餐廳的人事費用和利潤呢。

但是，請稍微思考一下。

你不是讓「餐廳賺不到錢」，而是讓肉品批發商賺錢。

一百公克五百日圓的價格，是從餐廳的角度來看的原價。如果從賣牛肉塊給餐廳的肉品批發商的角度來看，原價更便宜。對肉品批發商來說，生牛排就已經是完成品，原料是從肉品加工廠買來的大塊牛肉塊。例如原價一百公克三百日圓的牛肉塊，加上肉品批發商的人事成本、利潤等等，會再多兩百日圓，變成一百公克五百日圓。

牛排的原價是0元

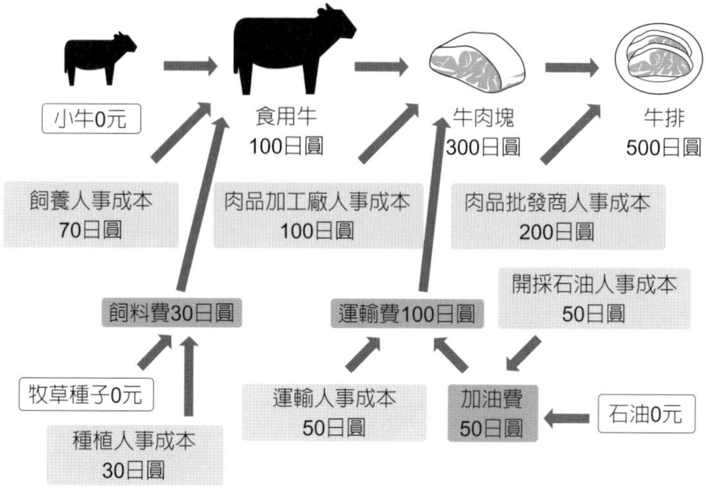

肉品批發商進貨的肉品加工廠，同樣有人在工作，也同樣有他們進貨的原價。如果不斷往上回溯，就會追到剛出生的小牛。在自然界出生的小牛，原價是零元。

從新生的小牛到成爲牛排，會產生人事成本和利潤以外的費用。像是購買飼料的費用、運輸的費用、肉品工廠設備費用、電費等等，不勝枚舉，但是將這些費用一一拆解，會發現其實都是人事成本和利潤。

運輸使用的汽油，原料是

石油，從地底挖出來的時候，原價是零元。肉品加工廠使用的冷凍庫，以及運送牛隻的卡車等複雜的工業製品，如果不斷回溯到各個零件，就會發現那些全都是由自然界中的鐵礦等原料所製成，原價也都是零元。

一百公克要價五百日圓的牛排，如果還原，會是零元的自然資源和共計五百日圓的人事成本和利潤。

也就是說，想要吃回本的「本」，是沒有價格存在的自然界資源。即使吃了八百公克以上的牛排，雖然可以讓餐廳賺不到錢，但是想要「吃回本」根本是幻想。

如果是牧場直營的餐廳，牛排的原價就不存在了。因爲對於從新生的小牛開始飼養的牧場而言，原價是零元。這麼說來，不論你吃多少肉，都不會讓餐廳虧錢。

話說回來，我要談的並不是吃到飽餐廳沒辦法吃回本。

我是想確認生產活動的一個大原則——「所有東西都是因勞動而產生」。

這個大原則從古埃及到現在都沒有改變。**即使發明了貨幣，金錢也不能製**

造出東西來。

那我們爲什麼還要使用金錢呢？

那是因爲金錢有兩種「溝通能力」。

金錢有「交涉力」和「傳達力」

在現代，去商店用錢就可以買到想要的東西。那麼，之前還沒有金錢的社會，要如何取得想要的物資？

古埃及能成功建造金字塔，是因爲國王有絕對的權力。在王權之下，建造金字塔的總負責人會考量整體工程，預估必要的勞動力，並下達確保勞動力的命令。

工程開始後，總負責人將必要的作業告知現場的指揮官，然後現場的指揮官再把命令傳達給工人，讓工人們上工。

「今天你們要幹的活，就是把其他組人員切割好的大石頭，從採石場搬運到尼羅河的碼頭。不論白天或晚上，廣場隨時有食物可以吃，之後也會配發新衣服。大家努力工作！」

不是只有建造金字塔相關的工作，食材的籌措和烹煮、從棉花的種植到衣物製作，所有的工作都需要詳細的命令。也就是說，因爲國王有絕對的權力，以及既定的指揮系統，才能動員這麼多人完成金字塔。

但是沒有埃及國王這般絕對權力的一介平民，想要請別人爲自己工作可不容易。家人或是交情好的人會買帳，但如果需要陌生人的協助，就一定得交涉。

交涉有可能是交換貴重物品，或是訴諸暴力威脅。「國王的命令」其實也是一種交涉。即使沒有明講，但大家都知道違背命令下場很慘，所以會服從。

現代社會即使沒有絕對的權力，但是到不同語言的國家，只要支付對方提出的價錢，就可以讓別人爲你做事。

這就是「交涉力」，是金錢擁有的溝通能力之一。

要取得想要東西，需要做的事情只有兩件，那就是選擇販售的店家或是能提供服務的人，然後將自己錢包裡的錢轉移到對方的錢包裡。

要建造新國立競技場，需要的也是「選擇和轉移」。從符合預算的計畫案中選擇最喜歡的，然後把一千五百億日圓轉移到承包的建設公司的帳戶，讓它去操控金錢的流向。

建設公司會選擇建材公司，然後將必要的金錢轉移過去；選擇營造公司，然後把錢轉過去；選擇其他包商，然後把錢轉過去。也把錢轉給爲自己工作的公司員工。

建材公司也會把收到的錢一部分轉給員工，一部分轉給原料商或運輸公司。這些公司也會將錢轉給爲他們工作的公司或是自己的員工，最終，錢會流到某個鐵礦場的礦工手上。

應該沒有人注意到爲了建造新國立競技場，應該要確保多少的勞動力，因爲只要有錢，就不需要在意這些事。

像這樣，**藉由金流，讓勞動力自然聚集，不管多複雜的作業都能完成**。這就是金錢的另一個溝通能力——「傳達力」。

交涉力和傳達力，就是金錢所擁有的能力。

沒有人會帶錢去無人島，因爲沒有溝通的對象。而可以輕鬆達成交涉和傳達的家庭中，也幾乎不需要用到錢。

爲什麼在家庭以外要使用金錢？理由就相當清楚了。

在家庭以外，要讓陌生人爲你服務，就需要使用金錢。

金錢的溝通能力，可以連結陌生人，讓原本只發生在家庭、鄰里之間的互助合作，擴及整個社會。

「黃金面具」這種東西相當耗費勞動力

社會因爲金錢而得以擴展，但也有弊病。

如果我們都靠金錢來溝通，就會漸漸看不到勞動的人。

圖唐卡門的黃金面具使用了十公斤以上的黃金，光是材料，價值就逼近一億日圓。現代的我們看到這個面具，一定覺得當時的埃及十分富裕。

但是在當時人民的眼中，應該是截然不同的印象。他們看到黃金面具，感受到的，是對絕對王權的敬畏。

要掏洗多少公斤尼羅河底的沙子，才能找到一顆沙金。沒有幾百萬顆、幾千萬顆沙金，做不成一個面具。爲了做這個面具要動員龐大的人力，由此可知王權的至高無上，不可違逆。

隨著時代演進，要取得黃金，需要的東西從權力變成金錢，但不變的是，仍需要有人勞動。

但是大家都忽略了勞動的存在，現代的我們，以爲黃金本身價值就很高。但是黃金就跟前面提到的牛排一樣，是由人事成本和利潤堆疊而成。因爲耗費了龐大的勞動力，所以價格才這麼高。

不論是黃金或鐵，所有的原料都是免費的。任何人都可以去挖金礦，發大財。但是金礦比鐵礦更難挖，要在多處往下挖幾千公尺，才可能偶然發現黃金礦脈，然後還要想辦法從地下幾千公尺處把黃金礦石運到地面上。

而且黃金礦石的金屬含量和鐵礦完全不同。好的鐵礦石幾乎一半以上都是鐵，但一公噸的黃金礦石，所含的黃金不到十公克，等於是低於十萬分之一。

黃金必須耗費大量的勞動力才能生產出來。

我們感受到的是「用」錢買東西，但是這裡的「使用」並不是「消費」。看看自己錢包以外的地方，會發現錢是轉移到其他人的錢包裡。

你消費的不是金錢，而是某人的勞動。

金錢的背後必然有「人」，有著爲你勞動的人存在。

對於個人來說，所謂金錢的價值，就是將來用錢的時候，可以讓某個人來爲你服務。

有勞動的人存在，相對的，就一定有被服務的人存在。所以對於整個社會來說，即使金錢增加，價值也不會增加。取得某樣東西，背後一定有誰付出勞動。金錢只是方便交涉，並非不可或缺。出門在外，多數時候錢是必需品，但一般在家裡並不需要。

說到這裡，我們可以再將經濟羅盤改寫如下：

經濟羅盤

△~~對個人來說，金錢有價值~~

△~~對社會全體來說，金錢本身沒有價值~~

↓

△有人勞動，才能夠製造物品

△金錢的價值，在於未來能獲得別人的服務

這裡因爲希望淺顯易懂，所以寫「製造物品」，但說是「解決問題」會更正確。也有人的工作並不是在製造物品。

例如有醫生、護理師這類提供醫療服務的人，也有公務員之類訂定新教育制度的人。他們都爲了我們的生活，在解決某些問題。製造物品也是在解決問題。種植稻米可以解決營養攝取的問題、製造手機可以解決資訊傳達的問題。大家都透過工作在解決大家的問題。

浪費的是「勞動」

某個寒冷的早上，你被門鈴聲驚醒。大概是昨天網路下單的商品送達，但你實在不想從被窩裡爬出來。

「反正再次配送是免費的，那就讓他再來一次好了。」你這麼想著，就假裝沒人在家。

這時候，你並沒有從錢包裡拿錢出來，但是你浪費了錢包外面那位宅配員的勞動。勞動和自然資源一樣，濫用就是一種浪費。如果這時候起床去收貨，就能節省宅配員的勞動。

我們的生活之所以變得比以前更富裕，是因爲勞動更加有效率所致。例如黑白電視剛上市的時候，價格相當於上班族五年的薪水。現在只要付一個月的薪水就能買到螢幕又大、性能又好的電視。

我們的生活受惠於技術革新等生產效率化。並不是因爲材料費變得更便宜，而是因爲「能夠節省勞動力」。

更少的人就能生產更多的產品，並且提供給更多的人。省下來的勞動力，就可以再去生產其他東西。兩百年前，都還都只能忙著種稻米的我們，現在已經能夠生產各種物品，這就是拜效率化所賜。

然而，如果沒有考慮到「浪費勞動力」這一環，最後可能是苦了自己。我們都是靠提供自己的勞動在賺錢，再把賺來的錢拿去消費其他人的勞動。

社會上正大力疾呼「勞動方式改革」，但錯的並不是只有公司。增加工作量的原因，有一部分其實是消費者造成。不光公司要改變，我們消費者的意識如果不改變，只會自己累死自己。

但是，另一方面，消費者也會抱怨生產者。

「生產者的確是付出勞動在製造產品，但是我支付的錢並沒有完全反映勞動的量，因爲那金額還包含利潤在內。付了太多的錢在利潤上，我不是很吃虧嗎？」

的確是如此。生產者也會因爲想多賺一點，而壓迫消費者。人們彼此互相箝制。

這並不是生產者的錯。事實上，是對價值判斷沒有自信的消費者的錯。如果清楚自己的價值認知，就不會覺得吃虧。我們一定要清楚自己的價值認知，也就是一定要懂得什麼是自己的幸福。

接下來，我們換個話題。

第3話

什麼東西有價格，卻沒有價值？

你不相信價格能表現價值嗎？
人們常說，金錢的功能之一就是「衡量價值」。
但是，「價值」與「價格」並不一樣。將這兩者混為一談，我們會看不到「自己的幸福」。

QUESTION

4

買了一萬日圓的福袋，裡面有件看起來很貴的外套。

你是賺到了？還是賠錢了？

A 視外套的定價而定

B 視外套的成本而定

C 視自己是否喜歡那件外套而定

ANSWER

C

視自己是否喜歡那件外套而定

定價標籤藏著幸福

拍賣會最吸引人的地方，就是可以用便宜的價格買到好東西。看到「打兩折」的標籤，本來不想要的都會忍不住手滑。

某年過年，你買了一個一萬日圓的福袋。回到家，很興奮的打開袋子，裡面有一件看起來很貴的外套。標籤上竟然寫著定價二十萬日圓！覺得眞是賺到了。

但是爲什麼沒辦法眞正打從心裡開心？的確，那是一件很貴的外套，是平常自己絕對不會買的亮眼螢光橘色。雖說如此，但確實是有定價二十萬日圓價值的逸品。

偶爾拿來套一下，總覺得說不出的怪。款式和顏色都不符合自己的喜好，但又捨不得丟，只好收在衣櫥裡。

這件外套對你來說真的有價值嗎？

想做出判斷，必須注意兩種價值。

「使用時的價值」與「販賣時的價值」

在日常生活中，我們會把價值分成兩種。再舉另一個例子來看看。

你造訪朋友最近剛開幕的葡萄酒專賣店，他推薦你購買一瓶一萬日圓的葡萄酒。抱著對朋友開店祝福的心意，你買了兩瓶葡萄酒。

回到家後，你馬上打開一瓶來喝。老實說，味道跟期待中相去甚遠，很澀、很難入口。但這可是一萬日圓的高級品，你只好說服自己這就是高級葡萄酒的味道。

過了一陣子，你再造訪朋友的葡萄酒專賣店，那瓶酒現在漲到三萬日圓。好像是厚實的澀味受到好評，所以價格攀升。

「那時候用一萬日圓買，賺到了吧！」

朋友像是給了恩惠般這麼跟你說。雖然你也覺得是賺到了，可是心裡就是不舒坦。

剩下的那瓶葡萄酒，也不會因此從一萬日圓的味道升級成三萬日圓的味道。跟之前一樣，喝起來依舊又澀又難喝。雖然價格變高了，酒也不會變得比較美味。價格和你的感受到的美味本來就毫無關係。

這麼說來，原本一萬日圓的價格，也跟你感受到美味沒有關係。這次購物究竟划不划算，取決於你感受到的葡萄酒美味程度而定。對於支付一萬日圓這價格的期待，如果「你」覺得好喝，就會覺得划算。

我們所感受到價值，其中之一就是「效用」，也就是「使用時的價值」。

換句話說，就是「自己獲得多大的滿足」。

就像先前提到的那件亮橘色外套，應該以效用來思考，而非價格。這跟用一萬日圓買福袋，或是外套定價的二十萬日圓都沒有關係，跟成本也毫不相干。如同在〈第2話〉所提到的，成本歸結到最後都是零元。

穿著外套時可以得到什麼效用，決定了它對你的價值。所以這個問題的正確答案，不是A也不是B，而是C。

效用是因人而異。

「這件衣服穿起來很舒服。」說這句話的人，他得到的是穿起來很舒適的效用。

「這穿起來很帥！」說這句話的人，得到的是可以表現自我的效用。

「這件外套要二十萬日圓喔！」也有人會跟其他人炫耀價格。但是對他而言，這件衣服的價值也不在價格，而是效用。他從這件二十萬日圓的外套上，得到了「可以向別人炫耀高價衣服」的效用。

從醫療或藥物感受到的價值就更好理解了。藥物的功效是治療疾病和消除症狀，我還沒看過有人沾沾自喜的說：「我每天都吃五萬日圓的藥呢！」

我們每天並不是要花更多的錢，而是要得到更多的效用來豐富生活。不管價格多高，如果對你來說沒有效用，那就毫無意義。

這麼一想，就會知道朋友得意洋洋的說「那個時候用一萬日圓買，賺到了吧？」是誤解。聽到他這麼說，你可能還有點生氣。

但是，朋友接下來的一句話，卻扭轉了局面。

「如果可以的話，剩下的那瓶我用三萬日圓跟你買回來。」

你的怒氣立即煙消雲散。因爲一萬日圓買的葡萄酒，現在賣三萬日圓，等於賺了兩萬日圓。這個時候，你對那瓶葡萄酒的評價就會從「難喝的酒」變成「三萬元日圓的酒」。

這也是一種價值，這是「販賣時的價值」，也就是「價格」。

對於賣東西的人來說，好不好喝等效用無關緊要。因爲只要考慮能收到多少錢就好，所以重要的是價格。

也就是說，對商家而言，價格就是價值。

從這個層面來看，即使一萬日圓福袋裡的外套你不喜歡，但是如果可以高價賣出，那也是賺到。如果題目有選項D「視外套可以用多少錢賣掉」，那也是正確答案。

「效用」和「價格」兩種價值，會混淆我們。

價格潛藏的陷阱

能夠豐富我們生活的是「使用時的價值」，也就是效用。效用增加，生活就會更富足。然而問題是，效用很難測量。

今天突然想吃咖哩飯，不代表明天不會想吃天婦羅蕎麥麵。對自己來說，效用會改變，要與他人共享更加困難。

但是價格卻很容易理解。光靠數字就可以表示物品的價值。正因為如此，整個社會在思考價值，必須找個客觀評價的時候，就會傾向以價格來思考。「經濟價值」或「資產價值」，都代表了「價格」。

能夠豐富生活的是效用，**但是因爲效用無法測定，所以就先用價格來代替，作爲指標。**

不過，一旦習慣了這種客觀、便利的指標，就會迷失自己對效用的感覺。一萬日圓的物品，好像就有相當於一萬日圓的效用。

從此，生產者和消費者就開始互相箝制。

在電視、雜誌、網路上，每天都會看到各種廠商的廣告。說明商品的特色、請名人試用、強調公司的優點等等，希望顧客買單，竭盡所能的宣傳。

隔壁鄰家有賣好吃的麵包，但是沒有招牌就賣不動。如果沒有人買，再怎麼美味也無法對任何人發揮效用。讓更多人知道能豐富生活的商品，也能增加對社會整體的效用，所以廣告宣傳絕非壞事。

但是卻有人假借行銷和品牌之名，行「價值灌水」之實。沒有努力提升商品的效用，而是利用高價，讓消費者認定有相應的「價值」。他們打的主意就是「消費者只會用價格衡量價值，價格越高，就會覺價值越高」。

不需要努力提升外套的舒適性和設計感，只要標示高價就好。五千日圓的外套就只有五千日圓的價值，而二十萬日圓的外套就會讓人相信有二十萬日圓的價值，還會很高興的買下來跟旁人炫耀：「這件外套二十萬日圓喔！」

覺得二十萬日圓外套太離譜的消費者，在拍賣打兩折的時候也會不經意停下腳步。在一萬日圓的福袋裡發現二十萬日圓的外套，更會喜出望外。這就是落入價格的陷阱。

只在乎價格，物品對自己的效用就被擺在後面。「划算」的意思，不再是用便宜的價格買下高效用的商品，而是用便宜的價格買下高價商品。

在家電量販店裡，大尺寸電視機如果標示「大特價！十二萬九千日圓！（定價：二十萬日圓）」，買了會覺得很划算吧！如果換個方式標示「大特價！十二萬九千日圓！（定價：時價）」，那到底划不划算就讓人很不安了。

重要的不是原價，而是這商品可以如何豐富你的生活。

這情況非常嚴重。

如果消費者認定「定價就是價值」，那麼，即使生產者製造出高效用的商品，消費者也不會覺得「划算」。

如此一來，生產者能選擇的路就只有兩條——停止生產，或是提高售價欺騙消費者。不管是哪一種，努力製造高效用商品的意願都被削弱了。

如果消費者不能捨棄價格指標，選擇對自己而言可以增加效用的商品，對生產者和消費者來說都一種不幸。

本來價格和效用就幾乎沒有關係。

回想自己爲什麼花錢，就可以明白箇中道理。

價格與「善意」成反比

金錢擁有的能力之一是「交涉力」。這項能力讓沒有埃及國王權力的我們，還能藉由付錢讓人們爲自己工作。這就是價格存在的理由。

便利商店的三角飯糰要一百日圓，但家人做的三角飯糰是零元，兩者的效用沒有差別。家人做的三角飯糰並不是因爲難吃所以免費，而是因爲你不用付錢，他們也願意幫你做，所以才免費。便當店熟識的婆婆總是會給你一點折扣，也不是因爲賣給你的便當比較難吃，而是因爲對你的善意。

心甘情願爲我們勞動的人，不需要用金錢去交涉。要讓不想工作的人爲你工作，需要強力的交涉，結果價格就變高了。說得極端一點，如果大家都心甘情願爲他人服務，那價格就不存在了。

也就是說，價格多高，就表示「有多不想工作」。

因爲不想工作而造成價格上升的理由有各式各樣。想想你是爲誰工作的吧！請參閱下頁的圖表。

當你眞的想休息的時候，如果有人請你工作，你會要求比平常更高的金額（①）。所以假日去旅行，價格總是比較貴，並不是因爲服務品質提升了。

如果要從來沒有做過編織的你編一條圍巾，不但困難，也需要很多時間才能完成。你不想接這份工作，如果眞的要接，就會開很高的價格（②）。當然品質並不會好。

這時候，如果你去編織教室上課，學習相關技巧，短時間就能編好一條圍巾。這麼一來，就能用更低的金額接工作，圍巾的品質也更好。就像先前提過的電視機生產效率提升一樣，技術革新可以節省勞動力，也能大大提高電視機的性能。從這個角度看也很清楚，價格並不能代表效用。

價格的高低能代表效用的大小嗎？

價格上升的理由	實際情況	價格與效用的關聯性
① 真的想休息	假日加班費	×
② 不擅長	生產效率提高	×
③ 想要更多錢	行銷、品牌	×
④ 評價太好太忙	調整需求與供給	△

接下來，是因爲你很貪心，沒有很多錢就不願意工作。跟工作內容無關，就只是因爲你想要賺多一點錢（③）。這就跟假借行銷和品牌，把外套定價爲二十萬日圓拿去賣一樣。當然，這種狀況，價格也不能代表效用。

在這張圖表中，價格高低和效用大小之間有相關性的，只有最後的④。你的工作大受好評，如果照現在的定價，訂單會多到應接不暇，所以你調整價格，以價制量。雖說如此，感受到的效用仍因人而異，有人也會對你的工作方式不滿意。如果是這種狀況，高價也不一定有高效用。這麼說來，很多時候價格與效用根本就是兩回事。

決定價值的是你自己

談論至此，大家應該了解到「只有付錢請人工作的時候才需要價格」。即使是有價值的事物，如果我們能自由使用，或是不用付錢對方就願意為你工作，這種情況下，價格就不存在。因為沒有存在的必要（後續如果沒有特別說明，「價值」一詞就不是指「價格」，而是「效用」）。

空氣、海邊的風景、大自然的一切、良好的治安、醫療制度、親手織的圍巾，這些東西都沒有價格，但是卻有很重要的價值。價格和價值的衡量完全方式不同。

請參照下頁的圖表，我用「價格的有無」和「價值的有無」畫出四個欄位，並試著填入對應的物品。

其中三欄大家應該很快就能想到對應的物品，但要找到「有價格、卻沒有價值」的東西，好像有點難度。不過應該還是有一些，只要把「對你而言沒有價值的東西」填進去就可以。

什麼東西有價格卻沒有價值？

	有價格	沒價格
有價值	電視機等	親手織的圍巾
沒價值	？？？	路旁的石頭等

可以是一萬日圓的葡萄酒，或是二十萬日圓的外套。不要光看價格就覺得有價值，那只是販售的人隨意安上的數字。

決定價值的是你自己。對你來說，可能路旁的石頭有價值，電視機反而沒有。

每個人都可以有自己的衡量標準。

一定有人因你而幸福

電視節目中，一位知名演員雙眼被蒙住。

兩杯酒擺放在他面前，一杯是一瓶一千日圓的葡萄酒，另一杯是一瓶要價十萬日圓的葡萄酒。只能靠香氣和味道來分辨哪一杯是高級葡萄酒。

結果知名演員對一瓶一千日圓的葡萄酒讚譽有加，

忙不迭說「好喝」，周圍的人都哄堂大笑。

「你竟然分不出來一千日圓和十萬日圓的味道？」

但即使笑他，你也不會變得幸福。

有位葡萄酒侍酒師就這麼說：

「一瓶十萬日圓的葡萄酒是好酒，有一百個、甚至兩百個優點。一瓶一千日圓的葡萄酒也是好酒，有一個或兩個優點。覺得一千日圓葡萄酒好喝的人，並不是分辨不出味道。正好相反，他們是可以察覺到一、兩個優點的幸福人士。葡萄酒好不好，是由你自己決定。」

一千日圓葡萄酒的價值，並不是那一千日圓，而是讓某個人幸福的效用。

你努力工作賺錢，或許是製造某些東西，也或許是解決某些問題，因爲你的工作而產生的效用，會讓某個人幸福。

金錢的背後是人。一定有人因你而幸福。

因此，經濟羅盤要再追加一個項目：「物品的效用，是讓某個人幸福」。

經濟羅盤

▲有人勞動，才能夠製造物品

▲物品的效用，是讓某個人幸福

～～～～～～～～～～～～～～～～

△金錢的價值，在於未來能獲得別人的服務

即使沒有金錢存在，大家一樣可以生產物品，然後分工合作生活。在沒有金錢的時代，大家要生產什麼，是由權力者決定。而在使用金錢的現代，則是由用錢的人各自決定。很多人買的物品就會繼續生產，乏人問津的就會停產。

如果我們認定高價的物品就一定有價值，那麼標示著高價的物品就會持續生產。即便因此破壞了沒有標價的大自然，也毫無自覺。

如果每個人都有自己的衡量標準，就能發展出讓自己幸福的花錢方式。如此一來，眞正有價值的東西也能夠持續生產。如果有越多的人感受到大自然的價值，我們也會逐漸減少對大自然的破壞。

金錢的「線」與「牆」

在〈第2話〉中，我們了解到，身爲消費者的我們在購物時，使用的不是金錢，而是人們的勞動。現在我們明白，物品的價值不是看價格，而是看效用。效用才能豐富我們的生活。

也就是說，**藉由大家的勞動，讓大家獲得幸福。這一點不論在家庭或家庭以外都一樣，這才是「經濟」最原始的目的。**

我們使用的金錢，只是達成「藉由大家的勞動，讓大家獲得幸福」這個經濟目的的工具之一。

經濟羅盤中，「有人勞動，才能夠製造物品」「物品的效用，是讓某個人幸福」這兩個項目非常重要。而金錢只是工具。像在家裡這種不需要用錢的經濟體制下，金錢就派不上用場。因此，在更新的羅盤中，我用▲和△來區分這兩個項目與金錢。

金錢這項工具有「線」的功能，連結起不相識的生產者與消費者。但是，金錢也會成爲「牆」，將不相識的生產者和消費者隔絕開來，隱藏對方的存在。如果能夠察覺「金錢的另一端是人」，就可以降低這道牆，看見連結彼此的線。至此，終於可以好好思考我在〈前言〉所提到的「蕎麥麵之謎」。

「金錢比較偉大？還是勞動的人比較偉大？」

如果能夠了解爲什麼會產生如此的認知差異，就能找到我們應該前進的道路。

第4話

金錢比較偉大？還是勞動的人比較偉大？

在現代社會，我們很自然的以金錢為中心在思考經濟。
然而，如果只看錢，會誤以為是金錢在解決問題。

QUESTION

5

孩子可以在學校讀書是誰的功勞？

A 監護人或政府等出錢的人的功勞

B 學校老師或職員等工作的人的功勞

C A和B是從不同的角度看經濟，兩者都正確

ANSWER

C

A和B是從不同的角度看經濟，兩者都正確

工作的人vs出錢的人

「你以爲是誰的功勞，你才能在學校念書！」

以前被父母親教訓的時候，這句話是一定會出現的經典台詞，或許現在也是如此呢。

「當然是學校老師啊！」如果這樣反駁，情況會變得更加複雜。父母親想聽到的答案是「爸媽的功勞」，所以還是乖乖閉嘴聽訓才是上策。

這個問題也是在問是「出錢的人」的功勞，還是「工作的人」的功勞。

人們往往認爲，如果回答是出錢的人的功勞，就是偏向經濟的答案，而回答是工作的人，就是偏向道德。然而，我們根據這一路以來的思考脈絡，就會知道，回答是工作的人的功勞，也是在講經濟。

到底是何者的功勞，端視你如何看待經濟。

我們從兩個軸線來看經濟，也就是空間軸和時間軸。

在自己的錢包之外，是廣大的社會。從社會這個空間看經濟，就會懂得是誰在勞動，會讓誰幸福。

從這個觀點來看，我們能在學校念書，是學校老師的功勞。不只是老師，學校的職員、上學搭乘的公車或電車司機等等，大家都在爲了我們而工作，所以我們才能在學校念書。也就是說，從空間軸看經濟，是以「人」爲中心。

但是，在我們的腦袋裡，還有另一個看待經濟的角度。

被問到「能在學校念書是誰的功勞」時，腦海裡第一個浮現的大概就是父母親等監護者的臉。不是工作的人，而是出錢的人的功勞。這時候，你意識到的不是錢包外面，而是錢包裡面。

父母親工作賺來的錢，進入家庭的錢包，然後從錢包裡拿錢繳學費，所以才會覺得是父母親的功勞。

國立競技場也是只要國家編列一千五百億日圓的預算就能夠完成。歷史考題中，出現「是誰建造了大阪城？」這樣的題目，當然不能回答「木匠」，回答「豐臣秀吉」才能得分。

將意識轉向自己的錢包裡面，就看不到在同一空間中工作的人們。取而代之的，我們會看到什麼？會看到「時間」。

錢包之外的空間很廣闊，而錢包裡，裝的是你自己的時間。

錢包裡只屬於自己的時間

在金錢不存在的時代，要活在「當下」必須竭盡心力。

因爲「**累積勞動**」很困難。

就算辛苦打獵，獵得的肉或魚，放沒幾天就會腐爛發臭。到了農耕時代也是，要積存穀物，也要辛勤耕種好幾年的時間。勞動無法儲存，所以，要是自

以自己的時間軸來思考金錢

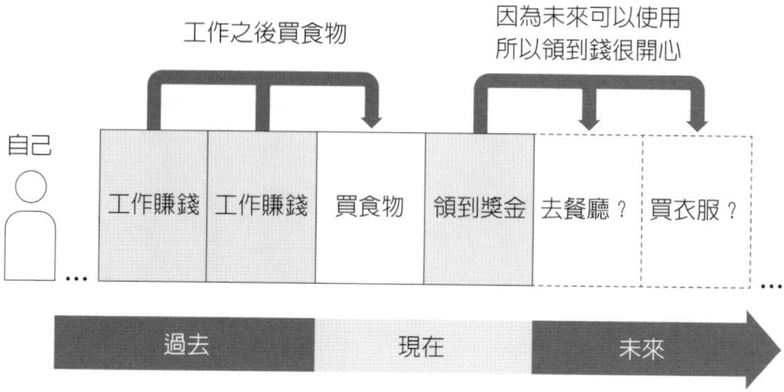

己不能工作了，就只能靠家人、朋友等身旁的人餵養。

但金錢的發明，讓情況爲之丕變，我們變得可以思考自己的「未來」。在健康、可以工作的時候提供勞動，然後把錢存下來。等到將來無法工作的時候，就可以用那些存款來買食物。我們脫離了只能思考「現在」的生活，變得可以掌握「未來」。

自己過去的勞動，支撐現在的生活，而今天的勞動，又可以幫助未來的生活。這就像上圖一樣，我們在只有自己的時間中，看到了因果關係。

因爲過去的自己認眞工作，所以現在才能買食物。領到錢會覺得開心，也是因爲可以想像自己的未來，可以用這些錢去餐廳吃飯、買衣服。

如果知道自己一小時後就會死去，與其拿著這些錢，應該會選擇去吃美食。如果沒有未來，金錢對自己的價值也會消失。金錢本身沒有效用，但是因爲可以想像未來使用金錢時得到的效用，所以會覺得金錢有價值。

「借錢」則是讓未來的自己來幫忙工作。在時間軸上，每個時間點的自己都可以互相幫忙。即使沒有他人的協助，找過去或未來的自己來幫忙就可以。

這種經濟的觀點有一個問題，那就是除了自己和金錢之外就一無所有。導致我們以爲「可以靠自己一個人生活在這世界上」。

「自己」還是「大家」，答案會不一樣

第1部一開始的謎題之所以會答錯，理由就在於此。

讓我們再看一次題目。

QUESTION
1

如果所有人都想在星期天放假休息，
此所做的準備之中，以下哪一項不適合？

A平日就先把學校作業或報告做完
B平日就先把洗衣服、打掃等家事做好
C平日就去打工或上班，把要用的錢存起來

正確答案是C「平日就去打工或上班，把要用的錢存起來」。

如果這個問題的主詞是「自己」，那C就是最適合的選項。但這道題目的主詞是「所有人」。

如果只看錢包裡面，會以爲「可以靠自己一個人生活在這世界上」，認爲大家都各自活在各自的世界。當然，這世界還有其他人，每個人工作、存錢，然後用存下來的錢生活。

如果你想在星期天花錢，當然要先存錢，但是在星期天工作賺錢的人也不

大家無法在同一時間花錢

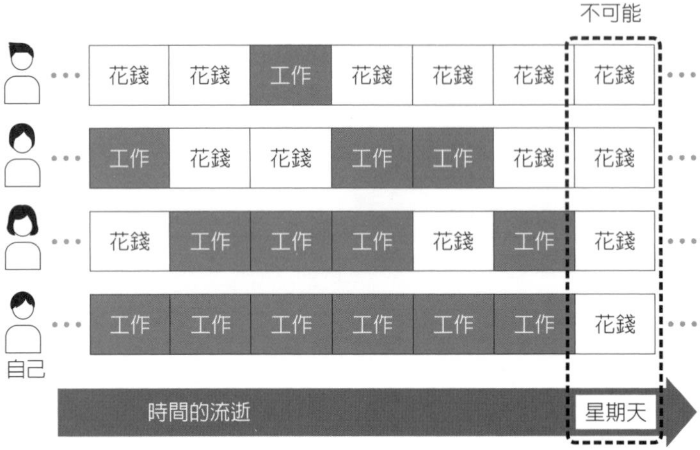

可或缺。如果「所有的人」都在花錢，那就沒有工作的人了。便利商店、餐廳都不會營業，電影院也休息，電車也停駛。

沒有工作的人，金錢的力量也就消失了。

把題目中的「星期天」換成「老年」，然後換成年金問題，就都說得通了。

即使大家都握著大把鈔票迎接老年，但如果沒有人工作，就什麼也做不了。即使大家都很會理財，增加財富，也不能解決年金問題，因爲勞動人口減少。

如果只看自己的錢包，就會以爲自己身邊的問題，乃至於社會問題，都可以用錢解決，並且深信不疑。

支撐生活的「免費勞動」

約莫五十年前，這種問題並不存在，因爲當時有金錢以外的解決方法，那就是免費的勞動。

那時候的日本，新年時期大家都休息。每個家庭都會準備好年菜或年糕等可以保存的食物，待在家裡過年。大家不會去旅行或出門買福袋，不需要讓別人工作，所以可以各自在家裡過年。因爲都是吃保存期較久的食物，也減少了家事，所以包含家人在內，大家都可以好好休息。

當時的人們大概很少會有「爲了休息而存錢」的想法。因爲每個人都眞切感受到是其他人的勞動在支撐自己的生活。

尤其是農村地區，人與人之間的連結特別強。遇到婚喪喜慶或農忙時節，大家都會提供人手，互相幫忙。家庭成員也比現在多，家事量更驚人。有困難的時候，提供幫助的不是錢，而是家人或左鄰右舍。有價值的免費勞動，對當時的人們來說是切身有感的。

但是近幾十年來社會劇變，家庭和鄰里之間，免費的勞動急速減少。一些家事可以使用家電減輕負擔，裁縫或洗衣之類，只要付錢就能解決的家事也變多了。

照顧幼兒也不是找家人、親戚、鄰居幫忙，而是花錢送到托兒所。年菜也不是自己做，而是花錢買。很多勞動都是用錢解決。

尤有甚者，隨著金融的發達，用金錢幫助自己的手段也日新月異。買保險可以幫助未來陷入困境的自己，貸款能夠讓未來的自己幫忙蓋房子。如果巧妙運用金錢，就可以規畫未來五十年的藍圖。

時代的演進，也大大改變了人們對勞動與金錢的看法。鄰里互助、免費勞動的時代，存在著勞動很有價值、不能浪費的想法。

但是在現代，我們認爲幫助自己的是金錢。不能浪費的不再是勞動，而是金錢。隨便按按滑鼠就可以買東西，漸漸的，我們再也看不到勞動的存在。

在免費提供勞動的年代，勞動的目的不是爲了錢，而是爲了對方的幸福。然而，一旦變成幾乎所有的勞動都有標價，那麼勞動的目的就離不開錢。與其說是希望對方幸福，更多的是想要對方多付一些錢。

從「以金錢爲中心」到「以人爲中心」

這裡介紹的兩種看待經濟學的方法，可以參照下頁圖表來理解。

一直以來，以金錢爲中心的經濟學，是在個人的時間軸上考量因果關係。因爲有賺錢，所以能花錢；因爲要花錢，所以得賺錢。現在的你能用錢讓別人爲你工作，是因爲過去的自己努力工作賺錢。

另一方面，如果以第1部的思考脈絡，我們鎖定某個時段，在大家生存的空間中尋找因果關係。現在的你能夠使用金錢，是因爲在同一個空間中，有其他人在爲你工作的緣故。因爲有這些人的勞動，豐富了你的生活。這就是以人爲中心的經濟學。

以人為中心的經濟學

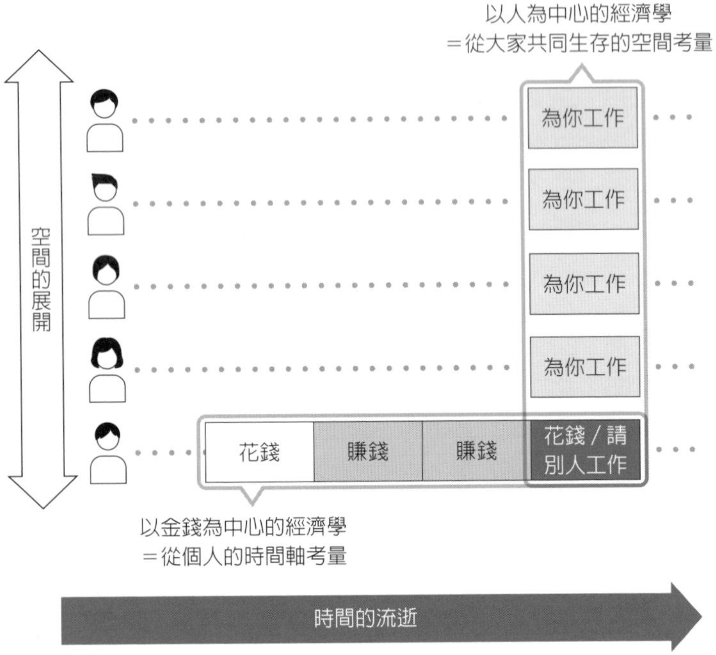
以人為中心的經濟學
＝從大家共同生存的空間考量
空間的展開
為你工作
為你工作
為你工作
為你工作
花錢
賺錢
賺錢
花錢／請別人工作
以金錢為中心的經濟學
＝從個人的時間軸考量
時間的流逝

當然，金錢是非常偉大的發明。因爲有錢，才有可能讓不認識的人爲我們勞動，社會也得以擴展到整個地球的規模。實現連結更多人，讓更多人互相支援的社會。

但是現代社會的金錢，儼然成爲屏蔽他人存在的「牆」，讓人以爲「可以靠自己一個人生活在這世界上」。如果不打破這道牆，感受他人的存在，就會變得只想到自己，社會無法互相合作，最終大家都深受其害。

從〈第1話〉到〈第3話〉，我們望向錢包以外的社會，羅盤變成如下所示：

經濟羅盤

▲有人勞動，才能夠製造物品

▲物品的效用，是讓某個人幸福

（思考「是誰在勞動，會讓誰幸福」很重要）

〜〜〜〜〜〜〜〜〜〜〜〜〜〜〜〜〜〜

△金錢的價值，在於未來能獲得別人的服務

思考經濟的時候，有了這個羅盤，就不再需要其他知識。**不要被「金錢」所迷惑，只要去思考「是誰在勞動，會讓誰幸福」就好。**重要的是，要意識到大家都生存在同一個空間，從這個角度看待經濟。

覺得經濟與道德就像油水不相溶，或是認爲以直覺的方式看待經濟很困難，都是因爲沒有從空間來思考經濟。

接下來的第2部，我們將從「以金錢爲中心的經濟學」，切換到「以人爲中心的經濟學」，從空間的角度重新審視經濟與社會。

對經濟已經有固定觀念的人，還有很多道謎題等著你們解答。

例如先前討論過「大家都在星期天花錢是不可能的事」，但「大家都存錢」也是不可能的。

首先，就從這裡開始思考。

第2部

「社會的錢包」沒有外面

QUESTION

6

要怎麼做，才能夠增加社會整體的金錢？

A 把錢存在銀行生利息

B 大家都工作賺錢

C 基本上無法增加

ANSWER

C

基本上無法增加

社會存在的目的，不是增加財富。

這無關道德，而是經濟議題。爲了追尋自己的幸福，每個人理所當然都會想要發財致富，我也不例外。

可是，以增加財富作爲社會整體的目標並不正確，不對，應該是說「不能」。除非印製新鈔，否則整體的金錢並不會增加。

當然，你錢包裡的錢會增加，也會減少。工作賺錢、投資，都可以增加金錢；相反的，當你花錢的時候，錢包裡的錢當然也會減少。

你錢包裡的錢能夠變多，是因爲有「錢包之外」的存在。在你的錢包之外有錢，你才能把錢放進你的錢包，增加財富。

但是，社會的錢包沒有外面。

你可以想像整個社會被一個巨大的「社會錢包」包裹著，裡面有好幾個小錢包。工作領到薪水的時候，放進你錢包裡的錢，是從社會錢包裡拿出來的，而不是從社會錢包的外面拿進來的。

你付錢買衣服的時候，離開錢包的錢會進入的服飾店老闆的錢包裡，但並沒有跑到社會的錢包之外。

銀行的利息、稅金的支付，任何金錢交易，都只是在某人的錢包和某人的錢包之間發生的金錢移動。

在第2部中，首先要來思考爲什麼會出現「金錢增加」這種錯覺。如果社會整體的金錢無法增加，那投資是爲了什麼？經濟又是爲了什麼？

第5話

為什麼存款很多的國家，不算有錢？

在日本，個人的存款金額很高。但這並不代表日本是「有錢的國家」。察覺存款背後的內幕，就可以發現理由。

QUESTION

7

要增加社會整體的存款，必須做什麼？

A 拚命工作，拚命賺錢

B 把錢拿去投資，不要存在銀行裡

C 跟別人借錢

ANSWER

C

跟別人借錢

金錢不會增加

日本國內的存款持續增加中。

「根據日銀公布的資金循環統計，截至二〇二〇年十二月底爲止，個人與企業的存款餘額爲一千兩百五十三兆日圓（個人九百五十九兆、企業兩百九十八兆），刷新過去紀錄，創下新高。」

看到這則新聞，應該會有很多不同的想法：

「誰這麼有錢？」
「日本眞是有錢的國家。」
「日本人很勤奮，所以存款很多。」
「應該把放在銀行沉睡的錢拿去投資才對……」

共通點是，大家都認爲存款增加就是「金錢增加」。而且覺得金錢增加是非常理所當然、順理成章。

但是，金錢並沒有增加。

請回想第1話的「搥背券」。你發行了十張搥背券，再怎麼多，也就是搥背十次。如果超過十次，那就是被騙了，一定有混到僞造的票券。

紙鈔也是一樣。

現在日本發行的紙鈔，也就是現金的量，大約是一百二十兆日圓，不應該會再增加才對。

但是，如果用專業術語來說明「利用存款，也就是利用信用創造來增加金錢」，就會讓人產生金錢增加的錯覺。讓我們產生錯覺的並不是「信用創造」這個詞，而是任誰都會毫不懷疑的**「存款」**。

這裡藏著金融最大的圈套。

「存起來」一詞的圈套

應該很多人小時候過年最期待的，就是可以拿到紅包。跟爺爺奶奶、親戚的叔叔阿姨拜年，就可以收到不少紅包。每次拿到紅包之後，媽媽一定會這樣說：

「爲了避免你亂花，我先幫你存起來。」

收到十萬日圓紅包的你，就全數交給媽媽存起來。

媽媽把錢放進新的信封裡，先收在某處。

這時候，爸爸出現了。

「我需要修車費，可以借我八萬日圓嗎？」

媽媽一邊說：「要算利息喔！」一邊從信封裡拿出八萬日圓給爸爸。

看到這一幕的你瞬間暴怒。

「不可以隨便用我的錢！要拿去銀行好好存起來！」

你會生氣是理所當然。本來以爲媽媽會幫你保管，卻當著你的面就把錢拿給爸爸，而且還跟爸爸收利息，想用你的錢來賺一筆。

如果媽媽不是說幫你「保管」，而是跟你「借」的話，你應該就不會抱怨了。媽媽借了錢，要怎麼使用是他的自由。

但媽媽是說「幫你存起來」，所以你期待的是「幫我保管」，才會說「要拿去銀行好好存起來！」

但銀行就是在「保管」你的錢嗎？

銀行主要的角色有兩個：

①蒐集存款者的錢

②把錢借給需要錢的人

銀行的角色和媽媽的做法完全一樣：

①從孩子那邊拿到十萬日圓

②借給爸爸八萬日圓

說著「幫你存起來」的媽媽，也發揮了跟銀行一樣的功能。你大發脾氣說：「要拿去銀行好好存起來！」完全是誤解了。

銀行說是「存錢」，但是沒跟你收保管費，還會付利息給你，這擺明了就是「借」。之後只要讓存錢的人在想領錢的時候拿得到錢，就成功「假裝成存錢」。

我們不是讓銀行「保管」金錢，而是借給銀行。

那麼，「增加存款」到底有什麼意義？

又爲什麼可以存入比現金更多的錢？

從這邊開始，要帶大家看看經常被誤解的銀行機制。

金庫的後面有「後門」

想出「存款」這個詞的人眞是天才。

如果稱之爲「借款」，民眾一定會擔心能不能返還，但說是「存款」，就讓人安心多了。想像在號稱有著銅牆鐵壁防盜設施的銀行地下金庫，我們的錢正好好被保管著。

但是銀行並沒有保管我們的錢。銀行的金庫裡並沒有我們的錢。

銀行的金庫

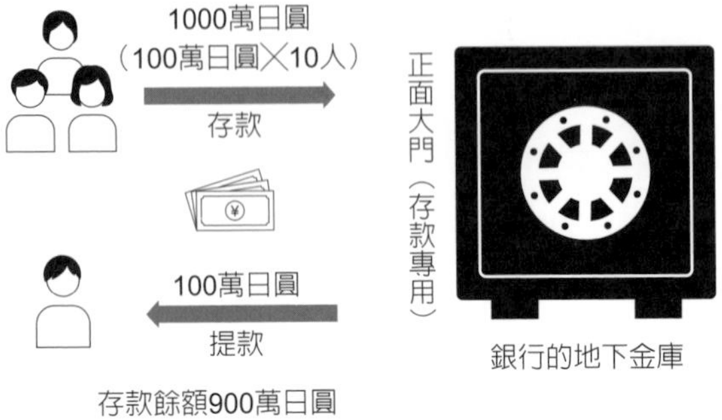

假設全國只有這麼一家銀行，想像一下銀行堅固的地下金庫中保管著什麼東西。

某個人來存錢，銀行打開金庫正面巨大的門扉，把現金運到裡面保存。門上寫著「存款專用」。

來了十個人，各存了一百萬日圓，銀行的存款餘額，也就是存款者全部的存款餘額爲一千萬日圓。

這十個人來提款的時候，就從正面的大門把現金往外運送，銀行的存款餘額就會減少。提款一百萬日圓，銀行的存款餘額就變成九百萬日圓。只要站在正門看著現金進出，就可以掌握銀行的存款餘額。

你以爲九百萬日圓的存款餘額就放在銀行的金庫裡，但是打開金庫一看，卻只剩下一百萬日圓。八百萬日圓竟然憑空消失！

事實上，金庫後面還有一扇門，銀行會從那悄悄把鈔票運出去。這道後門上寫著「貸款專用」。

光是把錢放在金庫裡，銀行無法賺錢，所以就把金庫裡的鈔票從後門運出去借給別人。八百萬日圓沒有消失，而是給個人住宅貸款五百萬日圓、給新創企業融資三百萬日圓。

從正門看，銀行向存款人借了九百萬日圓。跟剛剛那位母親一樣，銀行是向存款人「借錢」。

也就是說，**我們的存款餘額，就是銀行借錢的借款餘額**。

然後，銀行在後門和貸方（個人或企業）進行八百萬日圓的借貸，這也可以稱為銀行轉貸。

理所當然，借出的錢和借來的錢總額是相等的。也就是說，存款人以存款之名借出的錢，就是其他人借來的錢。

存款人借出了九百萬日圓，五百萬借給個人、三百萬借給企業，剩下的

金庫還有另一道門

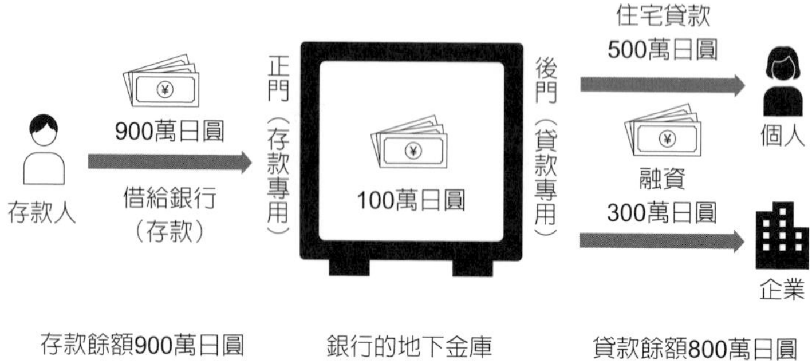

一百萬則是借給銀行。

這裡有一個地方要注意。現在金庫裡只剩下一百萬日圓。如果存款人要提款，銀行打算怎麼做？

現實情況下，這種意外總會順利過關。大部分的人偶爾才會把錢領出來，而且只領一部分。有人提款，也會有人存款。只要確保一部分的現金，就能應付存款人的提款需求。

因爲存款隨時都可以提出來，我們就會相信那些錢不是借出去，而是被保管著。

但是當銀行評等明顯變差時，心裡不安的存款人，就可能同時來提款。面對這種擠兌危機，銀行什麼也沒辦法做，只能暫時封鎖存款，最慘的狀況則會倒閉。

無法返還存款的情況，實際上發生過許多次。這就是我們的存款不是沉睡在金庫裡的證明。

要增加存款，就要找人來貸款

那麼，要增加社會整體的存款餘額，該怎麼做呢？

舉例來說，一到發薪日你的存款就會增加，另一方面，代表公司的存款餘額減少。錢只是從公司的存款帳戶轉移到你的存款帳戶而已。

那如果公司賺錢，是怎樣的情況？

假設你工作的公司是在生產、販售汽車。賣給客人三百萬日圓的汽車，公司的存款帳戶就會有三百萬日圓匯入。

但是這又只是從客戶的存款帳戶，移動三百萬日圓到公司的存款帳戶而已。大家即使努力工作，「社會整體的存款餘額」並不會增加。

既然如此，日本是如何成為存款大國的？

銀行金庫的現金進出

爲了思考這個問題，我們必須知道銀行金庫金錢進出的意義。

金庫有兩道門，我們先把焦點放在正門。從正門放入現金，存款就會增加，拿出去，存款就會減少。放進去的金額（存入金額）減掉拿出去的金額（提款金額），就是銀行的存款餘額。

接下來是後門。從後門把錢拿出去，貸款就會增加。從這個門收進來的錢，則代表還款。借出去的金額（貸款金額）減掉收進來的金額（還款金額），就是銀行的貸款餘額。

要增加存款餘額，就必須把金庫

增加存款餘額的方法

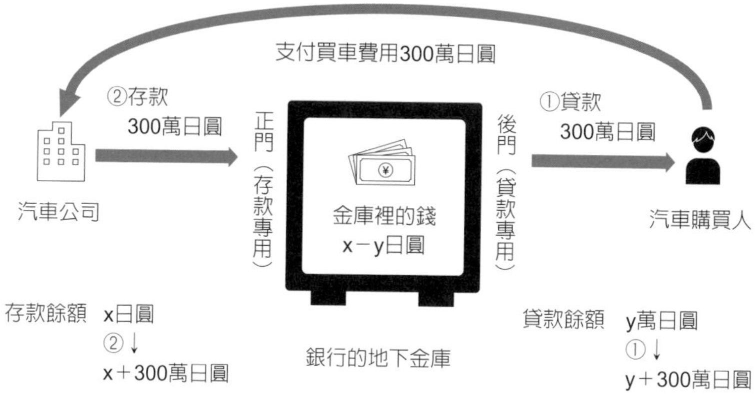

外面的錢存入銀行。但是現金的數量不可能超過紙鈔的發行量，所以存款只能增加到一定的額度。要再增加存款，唯有增加金庫外面的現金一途。

如果沒有發行新鈔，那就要把金庫裡的現金搬出來才行。那是要提款呢？還是要貸款呢？

當然，把存款領出來，存款餘額就會減少。在存款餘額不能減少的條件下，要把金庫裡的現金搬出去，銀行只能貸款。

買車的時候，不是將現金從存款帳戶領出來，而是用汽車貸款借了三百萬日圓。金庫裡的存款餘額沒有減少，錢就這麼搬了出去。

用這筆現金支付買車費用，汽車公司的存款帳戶就有了三百萬日圓匯入。貸款餘額、存款餘額都各自增加了三百萬日圓，金庫中的現金量還是維持一樣。

就是運用這樣的機制，銀行要增加存款餘額，就一定要把錢借出去。從後門拿錢出去（＝貸款），從正門拿錢進來（＝存款）。不斷重複這些動作之後，只有一百二十兆日圓的現金，就能創造出超過一千兩百兆日圓的存款。

「存款大國」也是「借款大國」

了解存款增加的機制之後，對前文那則新聞的看法一定也會改變。

「根據日銀公布的資金循環統計，截至二〇二〇年十二月底爲止，個人與企業的存款餘額爲一千兩百五十三兆日圓（個人九百五十九兆、企業兩百九十八兆），刷新過去紀錄，創下新高。」

個人與企業的存款達到一千兩百五十三兆日圓，就是銀行總共借了一千兩百五十三兆日圓的意思。當然，這些錢幾乎都沒有在銀行的金庫裡，而是又借了出去。

貸款的不只個人或企業，也包含政府。這個時候，可以利用購買債券的方式借款。事實上，銀行購買了大量企業、政府發行的債券（各自稱爲公司債、國債）。

除了存款之外，還有等同於存款的保險準備金。這些全部加起來，我們存款的金額就相當於一千八百兆日圓。當然，這背後代表的是有合計大約一千八百兆日圓的借款存在。

如果以個人或企業的存款餘額來評斷日本是個有錢國家，這完全是誤解。存款之所以多，並不是日本人很勤奮，也不是因爲沒有投資，而是因爲借款很多。我們只是靠著借貸來膨脹數字。

在日本，借款最多的是日本政府，金額超過一千兆日圓。許多人大概都曾經聽過日本政府有龐大的借款，可能也有人對此感到怒不可抑。

「我們努力工作、存錢，可是政府卻不斷借錢。政府的錯，爲什麼要我們來承擔！」

乍看之下，這和童話「螞蟻與蚱蜢」很像。如同螞蟻憤怒的說：「爲什麼要把我辛苦工作存下來的食物，分給不工作的蚱蜢！」

然而，政府的借款和「螞蟻與蚱蜢」的故事截然不同。正因爲日本政府的借款增加，所以個人和企業的存款才可以增加這麼多。

可以這麼想，如果政府的借款沒有一千兆日圓這麼多，不夠的部分就要靠稅金徵收。如果稅金也是一千兆日圓，我們的存款就會比現在少一千兆日圓。

我並不是肯定日本政府債臺高築之舉。但是，把我們的存款和政府的借款分開來思考，會產生不必要的衝突。國民和政府不應該像螞蟻與蚱蜢那樣反目成仇。

有關日本政府借款的問題，在第3部會有詳盡的思考。

新冠肺炎的補助款

二〇二〇年新冠肺炎開始流行，爲了讓大家不要爲了錢而煩惱，政府實施了一些對策。

第一個浮現腦海的，就是日本政府發給每個國民十萬日圓的補助金。要發給一億兩千萬人，就要從銀行的金庫裡拿出十二兆日圓的現金，這是政府借支。發放給國民之後，就是從正門再放回金庫，我們的存款就會增加十二兆日圓。這時，借款和存款只是以相同的金額增加。

每個人直接發放補助金很有效果，但是要到民眾手中，需要花一些時間。補助金是在五月中旬開始發放，但事實上，在那個時間點，已經透過別的管道發放了十二兆日圓。你有發現嗎？

「我不記得有領過那筆錢啊。」你應該會這麼想。但這不是直接發放，而是增加了企業的貸款。

三月的時候，緊急增加對中小企業的無息貸款。中小企業借錢來支付上游廠商的貨款，以及員工的薪水。

當時受到新冠肺炎的影響，經濟停滯，營收驟減的企業不斷增加。如果不借錢支應，被解雇的員工就會增加，也會有人領不到薪水。拿不到貨款的廠商應該也會變多。無息貸款可以讓很多企業免於倒閉，維持雇用。

企業收到貸款之後，並不是只停留在這些企業關係人手上。如果員工使用這筆錢，錢就會繼續流到別的地方。雖然很少人有實際的感受，但是拜這十二兆日圓所賜，整個國家的存款確實增加了十二兆日圓。

為了增加存款，不論是政府或企業，一定要借錢。

為什麼有兩道門？

要增加存款是辦得到的。但是，只是靠借貸來增加，金錢本身並沒有增加，社會整體的價值也不會增加。

對於社會整體最重要的，不是增加金錢，而是增加金流。

為了盡可能增加金流，銀行的金庫要設立兩道門。如果錢不太會從正門出去（不使用存款），那就只好從後門出去（貸款）。

結果，增加了貸款，也同時增加了存款，就是這麼一回事。

經濟羅盤

▲有人勞動，才能夠製造物品

▲物品的效用，是讓某個人幸福

（思考「是誰在勞動，會讓誰幸福」很重要）

~~~~~~~~~~~~~~~~~

△金錢的價值，在於未來能獲得別人的服務

△金錢不會增減，只會移動

到這個階段，經濟羅盤還要再追加一條：「金錢不會增減，只會移動」。

金錢整體並不會增加，如果以金錢爲中心來思考經濟，很容易變成爲了搶奪金錢而工作。另一方面，如果以人爲中心來思考經濟，只會注意到金錢的流向。我們工作，製造物品，其效用會讓某個人幸福，這是很明確的。
~~~~~~~~~~~~~~~~~

製造物品不限於有形的東西，服務、制度、結構等等，能豐富我們生活的一切都包含在內。**因爲經濟活動而增加的，不是金錢，而是人們感受到生活變得富足**。

要製造什麼物品、要讓誰感受到什麼樣的幸福，端視我們的金錢流向而定。爲了每天的生活而產生的金流，就是「消費」，這個大家應該都能夠理解。

另一個流向，也就是「投資」，又是怎麼一回事？

事實上，「投資」是在創造未來。很多人一聽到投資，就會聯想到賺錢，或是賭博。買賣股票眞的是在創造未來嗎？投資和賭博有什麼不同？接下來，我們就來想一想。

【補充】金融資產

將「金錢」的定義從紙鈔擴大到存款，金錢還是不會變多，只是靠借貸增加而已。即便擴大到整個金融資產，也只會看到更多不會增加的品項。

我們持有的資產當中，有所謂的「金融資產」。國債、公司債等債券，或是公司的股票，都是代表性的金融資產，壽險也是。

有人說像高盛這些證券公司擁有煉金術，能夠憑空變出金融資產。這個說法只對了一半。剩下的那一半，是同時變出金融負債。兩者相加等於零，所以完全不是什麼煉金術。

金融資產的本體，和日本銀行發行的票券，或是搥背券一樣，都是對未來的約定。「金融」，也就是藉由資金融通的方式來取得或交換，並約定好未來返還。

國債或公司債等等債券，是約定好本金加上利息返還。股票則是約定會持續支付公司一部分的收益，壽險則是約定死後會支付保險金。這些約定對於持有者而言是資產，對於證券發行人而言是負債。從發行方來看，是希望能一筆勾銷的東西。金融資產增加時，金融負債必定也會增加，這也和金錢的借貸相同。

第2部一開始的問題：「要怎麼做，才能增加社會整體的金錢？」雖然這裡的「金錢」沒有明確定義，但是不管定義爲何，在整個社會中，只要是金錢，價值都不會增加。

第6話

投資和賭博有什麼不同？

投資是在創造未來。

但是，如果不去思考投資的錢用在哪裡，那就等同於賭博。

QUESTION

8

以十萬日圓買進看好的公司股票。
這十萬日圓主要會流向何處？

A 公司買設備或發薪水

B 公司返還銀行貸款

C 流向與公司毫無關係的人的生活中

ANSWER

C

流向與公司毫無關係的人的生活中

以投資爲名的「轉售」

不管理由爲何，日本有大量的存款，這點毫無疑問。面對巨額的存款，很多人都疾呼要投資。

「讓錢沉睡在銀行裡實在太浪費，應該拿去投資有前景的公司。」

這個意見聽起來很合理，但也是有人難以接受，不禁懷疑：

「股價上上下下，不就只是場賭博？把時間和金錢花在那上面，才真的是浪費。」

但是當你說出自己的直覺，對方又會一股腦的繼續說：

「股票和賭博不一樣。投資股票，錢會用在讓公司成長。增加設備投資和員工雇用，不但讓公司壯大，景氣也會變好。」

聽起來好像是哪本書上寫的一段話。這段話當然沒錯，但只說對了不到一%，你的直覺比較正確。一整年股票的買賣，幾乎都是轉售。

也就是說，**股票投資九九%以上是賭博**。

只有一％的錢用於公司的成長

股票的轉售與演唱會門票的轉售雷同。

舉例來說，你最喜愛的歌手要開演唱會，明天開始預售門票，一張一萬日圓。

如果你買了門票，票款就會流到演唱會主辦方。有了這些錢，就可以確保演唱會所需要的器材和會場。你同時也付錢給支持的歌手，讓所屬的公司成長。

門票發售當天，因爲太過熱門，五分鐘就銷售一空。很遺憾，你沒有搶到票。意志消沉之際，你發現有人以三萬日圓轉售門票。因爲你實在很想去演唱會，於是就花了三萬日圓買門票。

這張門票和正規販售的門票，不同的地方不只有價格，決定性的差異，在於金錢的流向。你支付的三萬日圓，不會流到你支持的歌手或公司那邊，而是流向轉賣者，供他生活花用。

投資股票的時候，也會發生同樣的事。幾乎所有人都是買轉售的票券。也就是說，大部分的錢都不會流到你想支持的公司那裡。

二〇二〇年，日本證券交易所的股票買賣金額，一年高達七百四十四兆日圓。另一方面，透過證券交易所，公司發行股票所籌措的資金不到兩兆日圓。以演唱會的例子來說，就是主辦方賣票的收入只有兩兆日圓，而七百四十二兆日圓都是轉售門票的交易量。

公司剛開始發行股票的時候，有人認購股票，只有這些人的錢會流到公司，使公司成長。除此之外的交易全都是轉售。

演唱會門票的轉售，期限只到演唱會當天，但是股票這種票券，只要公司不倒閉，就可以無限轉售。

當然，我並不是說股票市場毫無意義。如果股票不能在市場上轉售，那麼就算公司發行股票，買的人必定很少。正因爲之後可以轉售，所以公司才能輕易的發行股票。

但是，你以爲是投資那家公司的錢，事實上是給了轉售股票的人，供他生活花用。公司的成長沒有用到你的一毛錢。

這種轉售就只是賭博而已。

獲利的條件是「讓別人高價來買」

我們所相信的投資，很多都是以轉售爲目的的「投機」。不論是股票或外匯，低買高賣，以轉手獲利爲目的的人很多。以轉售爲目的，去搶購葡萄酒或演唱會門票，都是投機。

搶購這些東西的投機者，就是靠價格上漲來賺錢。然而，價格上漲，並不是因爲有任何成長。一萬日圓的演唱會門票，漲到三萬日圓，演唱會的品質也沒有變更好。

所謂的「價格上漲」，只不過是「發現有人願意高價購買門票」罷了，無關演唱會品質的良窳，如果有人願意高價購買，就能夠賺錢。

如同你付了三萬日圓買演唱會門票，有人以高價轉手獲利，代表背後一定有人以高價購買。便宜買的時候，也代表有人便宜賣。以轉售爲目的的「投機」是一種賭博，就是這個意思。大家互相搶奪無法增加的金錢。

很多人聽到「日經平均股價上漲，經濟正在成長」就開心。如果只看股價便喜形於色，這就跟將演場會門票以高價賣出而沾沾自喜的人沒兩樣。

就像熱門演唱會門票在轉售市場上行情飆高，當想要買股票的人增加，股價就會上漲。但是這並不會豐富大家的生活，只有高價賣出股票的人會開心。

從經濟羅盤上我們可以看到，豐富人們生活的，不是公司的股價，而是公司製造出來的產品的效用。

經濟羅盤

▲有人勞動，才能夠製造物品

▲物品的效用，是讓某個人幸福

（思考「是誰在勞動，會讓誰幸福」很重要）

△金錢的價值，在於未來能獲得別人的服務

△金錢不會增減，只會移動

例如鐵路公司讓火車運行，爲我們帶來效用。能提高這個效用的人，只有在鐵路公司工作的人才辦得到，絕對不是買很多股票、讓股價上漲的人。他們只是坐擁股票而已。※

對我們的生活來說，重要的是公司所創造的效用。當效用增加，公司就會賺錢，分給股東的股利也會增加，結果讓股價上漲。這種股價上漲才值得開心。但這是結果，而不是經濟的目的。

不限於股票，投機過熱，價格就會上漲。這種價格上漲，只是藉由驅使他人高價購買，效用並沒有提升。

※也有投資家取得一定比例以上的股份，對公司積極提出建言；或是購入大部分的股份，併購整家公司。他們當然不只是坐而言，而是試圖改變這家公司所創造的效用。

資產價格上漲與「口罩問題」的共通點

不動產也是投資及投機的標的。東京新成屋每坪的單價，十年來已經上漲了將近四〇%。十年前，五千萬日圓就可以買到的公寓，現在要花七千萬日圓。

也有很多人因爲「資產價格上漲」而開心。所謂的資產價格，是資產賣出時的價格。對於目前住在公寓裡的人而言，沒什麼特別值得高興的。

這種狀況下，效用有增加嗎？

這和股價一樣，如果是因爲交通發展或地方發展而提高了便利性，造成房價上漲，那當然值得高興。但是這十年來，東京的便利性有提升四〇%嗎？房價上漲的幅度和便利性不成正比。

如果把公寓賣了，上漲的部分就是賺到，但是對於要繼續住在東京的人來說，不可能賣出。因此，即使公寓的資產價格上漲，也賺不到錢。

會因爲資產上漲而會開心的，是那些「非自用」、以轉售爲目的的房屋持有人。只要高價賣給想要的人，就能賺到錢，所以投機客會購買非自用的住宅。

但是，持有非自用的住宅，其他人就無法使用，這和新冠肺炎爆發時，口罩轉售的問題，本質上是相同的。

二〇二〇年，新冠肺炎開始流行，日本各地都發生買不到口罩的情況。因爲有人以轉售爲目的，大量收購口罩，造成價格攀升，售價甚至比平常多一百倍以上。

明明有大量的口罩，卻囤積在某個地方，需要的人買不到，造成社會問題。罪魁禍首就是收購、囤積口罩的人。此時，口罩價格高漲，囤積了大量口罩的這些人，資產價格增加，但是很多人卻沒有口罩可用。這是從多數人身上剝奪了效用。

這事件的被害者和加害者十分明顯，因果關係也很好理解，就是轉賣的人在做壞事。

轉賣房子本質上也是相同的。買下自己用不到的房子，然後高價賣給眞正需要的人。也許你身邊沒有這樣的人，但的確有人因爲房地產投資過熱，造成房價高漲，而無法住在自己想住的地方。

要是無論如何都想住在這個地方，就只能出高價購買。這些錢全都流到了靠投資房地產賺錢的人手上，絕對無法增加社會整體的價值，豐富大家的生活。只是產生了賭博的贏家和輸家，而且輸家還是被迫捲入這場賭局。

如果做的是投機這種賭博行爲，還不如把錢存在銀行。輕易說出「讓錢沉睡在銀行裡實在太浪費」這種建言的人，是相當沒有責任感的。

那麼，什麼樣的投資才是「能夠豐富生活的投資」呢？

所謂的投資是「爲將來而努力」

究竟什麼是「投資」？

「讀書是對自己未來的投資。」

「道路和圖書館是公共投資。」

「投資公司發行的股票。」

我們在很多情況下都會使用「投資」一詞，其共通點就是，「爲了將來而付出金錢或勞力」。

讀書之所以稱爲投資，是爲了拓展自己未來的可能性而付出心力。爲了進入大學、取得證照，需要好幾年的苦讀。

公共投資修築道路或設立圖書館，是爲了讓未來的人們生活變好。

而投資公司的金錢，是讓該公司用於未來商品的研發或生產準備。

不論是消費還是投資，我們花錢的時候會從兩個面向來評比。消費的話，我們會比較商品的「效用」和「價格」，再決定是否購買。

投資的話，就是比較事業的「收益」和「費用」。事業的收益是未來客戶付給公司的錢。如果客戶不滿意，就不會付錢。考量的是該事業提供的服務能帶來多大的效用。

而所謂的費用，是成立及營運事業所需要的錢。要雇用多少人、要從別家公司進多少原料和設備等等。投資的錢會作爲聘僱新員工的薪資、從其他公司採購的花費。就像我們在〈第2話〉吃到飽餐廳看到的，所有的費用都有勞務對價的關係。

也就是說，收益和費用的必較，就是這項事業將來可以帶來的效用和目前所耗費的勞動力的比較。

決定投資之後，金錢就會流到你想投資的業主那裡，連結許多的勞動力，也能夠開創新的事業。如果事業成功，就能夠豐富我們未來的生活，我們可以使用新的產品或服務。

那麼，這次的問題是：「投資和賭博有什麼不同？」

很多人想像的投資，大多都是投機，也就是賭博。真正意義的投資，錢會用在獲得人們的勞動。藉由這些人的工作，產生新的價值（效用）。與互相搶奪金錢的賭博完全相反，是著眼於生產活動。

拙劣投資的罪過

不論是投機還是投資，任何人都想要賺錢，都不願意虧本。但是投機和投資的「虧錢」意義不同。

拙劣的投機只是不夠光彩，但拙劣的投資可是莫大的罪過。

投機是金錢的搶奪，有人虧錢就代表有人賺錢。這些充其量只是個人問題，對社會沒有什麼損失。

當然，即使投資虧錢，錢也不會消失。錢只是流到爲該事業工作的人身上，整體來說，金錢的量並沒有改變。

但是投資虧錢，也就意味著事業失敗。相對於該事業所耗費的勞動，顧客感受到的效用太少，也就是浪費了很多勞動力。這些勞動力如果用在其他地方，或許可以讓我們的生活更加便利。

近年來，不動產投資蔚爲風潮。很多個人或公司開始經營房地產，跟風蓋房子。但是日本人口並沒有增加，造成空屋率攀升，經營赤字屢見不鮮。

這就是浪費勞動力的失敗事業的一個例子。究其責任，是那些優先貸款給不動產，而不是其他事業的投資家——也就是銀行。因爲他們的投資，大量的勞動力就耗費在效用不高的房地產上。「讓錢沉睡在銀行裡實在太浪費」這句話如果是指「把錢都交給銀行，結果卻浪費了勞動力」，那這句話完全正確。投資伴隨著使用勞動力的責任。

投資是設計未來，消費是選擇未來

二十一世紀已經過了二十年，這二十年來，資訊科技日進千里，讓我們的生活變得更加便利。那是因為投資了龐大的資金在資訊科技上，同時透過消費，龐大的金流流入搭載了資訊科技的產品上。

所謂的投資，是設計未來的生活。思考什麼樣的東西能夠豐富我們的生活，然後把錢花在研發及生產準備上。由於投資，未來的選項變多了。之後，就把選擇權交給消費者。消費者從好幾個選項中，把錢用在能夠豐富自己生活的物品上。這些錢不只支應生產，更會投入研發，提高產品的品質和性能。

投資與消費相輔相成，世界才能不斷前進。在貨幣經濟學中，如果金錢不流動，就不會連結上我們的勞動，也就不會有產品被生產出來，自然也不會帶來能夠豐富我們生活的效益。

所以銀行的金庫除了正面大門，後面也要有一道門。除了提款，還要藉由貸款來創造金流。

很特別的是，不只是金流而已。投入資訊產業的，除了金錢之外，還有大量的勞動力。從我們這邊流出去的投資或消費金額，決定了勞動力的分配，而這種分配又創造了不一樣的未來。

如果二十世紀仍持續投資及消費在汽車及電器製品上，就不會有現在這麼便利的資訊科技了。並不是說很多資金流入資訊科技產業就是最好，如果流入別的產業，或許這個世界會有另一番局面。

不管如何，投入勞動力而產生新的價值（效用），我們就能得到更舒適、便利的生活。二十年前和今天的生活相比，顯而易見。

但是專家們卻說自從泡沫經濟崩壞的一九九〇年以後，經濟幾乎沒有成長，並稱之爲「失落的二十年」或「失落的三十年」。

他們所謂應該成長的「經濟」，究竟是指什麼？

如果讓它成長，我們的生活就會更好嗎？

在〈第7話〉中，我們會來思考這件事。

泡沫經濟反覆出現的理由

最後，想提一下泡沫經濟的話題。我看過好幾次投機操作，暴起暴落。這種泡沫經濟從數百年以前開始，就不斷反覆出現，理由有兩個迷信。

一個是相信最後交易的價格才是價值。

另一個是相信這個價格，永遠賣得掉。

十七世紀的荷蘭，鬱金香一度讓人們陷入瘋狂。當時鬱金香十分珍稀，球莖是奢侈品。有條紋的多色鬱金香鮮豔美麗，價格更高。

想要買球莖的人遠比產量還多，價格因此上漲。想要的人不只是實際需要（＝真的很想要）的人而已。價格持續上漲，就出現了以投機爲目的的購買者，球莖的行情一飛衝天。

當價格已經高過人們對美麗的鬱金香所感受到的效用，實際需求就會減少，因實際需求而持有球莖的人也開始販賣球莖。

另一方面，市面上流傳著球莖會持續漲價，可以趁此機會賺大錢的消息，所以不斷有人想購買球莖。因實際需求而持有球莖的人，即使通通脫手，也無法滿足以投機爲目的的購買者，於是價格逐漸走高。

當中也有想要購買、卻無法下決心的人，心存懷疑：「球莖的價格已經高得不像話，應該不會再漲了」。

但是以投機爲目的的購買者仍持續增加，價格漲幅如脫韁野馬。到最後，因實際需求而購買的人已不復存在，全部都是以投機爲目的。

因此，那些曾經懷疑的人也態度不變，想著：「如果現在不買，就只有自己沒跟上這一波！」也不禁跟著搶購。當時一顆球莖漲到可以買一棟房子的地步。

就這樣，以高價買到球莖，盤算著要靠球莖賺大錢的人們，都如願買到，大家沉浸在一片幸福中。

這個時候，每個投機者都覺得自己賺到錢，因爲相信最後交易的價格就是球莖的價值。對於是否隨時都能賣到這價格毫不懷疑。

但要實際賺到錢，必須有人出高價購買才行。可是，已經沒有人要買了。因爲所有想靠投機致富的人，手上都有球莖了。

沒有人購買，那就只有價格暴跌一途。價格才剛開始下跌，想拋售也爲時已晚。乏人問津，根本無計可施，只能眼睜睜看著價格一落千丈。

回過頭來看，以超乎效用的高價購入球莖實在愚蠢至極。但是本人卻如此深信不疑：

「交易的價格就是真正的價值。因爲有這個價值，所以價格才會這麼高。會用這種價格購買的人應該大有人在。」

像這樣的泡沫經濟，每次都走同樣的套路，到現在仍一再反覆。看到交易價格上升，大家就以爲有賺到錢。但是如果都沒有人出高價購買，那一毛也賺不到。完全沒有考慮到效用的交易，只是賭博而已。

泡沫破滅的時候，「失去了龐大的財富」是固定會出現的台詞。但是，財富本來就沒有變多，只是妄想變大而已。

第7話

要是經濟沒有成長，生活會變得困苦？

有人說，自從泡沫經濟破滅後，日本的經濟幾乎沒有成長。

但是，「經濟成長」所指的「經濟」，

實際上並不是生活的富裕程度。

QUESTION

9

以下的選項，每一個都能夠豐富我們的生活。
請問，當中能讓「經濟」成長的是哪一個？

A 生產技術提升，大尺寸電視變便宜

B 雖然價格較貴，但是電視有新功能

C 徹底實施品質管理，讓電視變得不容易壞

ANSWER

B

雖然價格較貴，但是電視有新功能

金錢是地球上流動的「水」

「金錢是經濟的血液。」

銀行之類金融機構的人，很喜歡用這種說法。他們還會在後面多加一句：「而輸送血液的心臟，就是銀行（金融機構）。」

然而，事實並非如此。金錢不像血液有固定的流向，也沒有營養。而且，讓金錢流動的，也不是只有金融機構。

金錢會流到各種地方，要流到哪，是我們每一個人決定的。金錢的存在，就如同在地球上循環的水一般。

若說金錢如水，我們的錢包就像水窪。看看地表，各處都有水窪。小到水塘，大到湖泊這樣的大水窪，尺寸各異。不只是個人，還有商家和公司這些水窪。

當我們花錢的時候，水就從自己的水窪流向他人的水窪。

買便當要付錢，這個時候，你水窪裡的水就流到便當店的水窪裡。這些水會流到便當店員工、肉鋪、農民等提供便當食材的人的水窪裡。

買衣服、搭電車、看電影，金錢的水流就會流到從事生產活動者的水窪裡。銀行放款、投資人投資公司，都是讓水流到需要的地方。

水會不斷蒸發，變成水蒸氣升上天空，再變成大片的雨雲。這些蒸發的水，就是大家繳納的稅金。你流入便當店的水，有一部分是以消費稅爲名蒸發掉了。你工作所儲存的水，有一部分也是以所得稅的形式蒸發，被吸收爲天空的雲朵。

儲存在天空中的水，會變成雨水，落到地面。建造國立競技場的時候，雨就下在建設業者身上。實施育兒補助的時候，雨就降到需要育兒的家庭裡。

肩負金錢循環重大責任的，是能自由操作雨雲的政府。有時候會直接給錢，有時候也會因應政策和制度，創造金流。

政府創造金流有兩大理由：製造出大家可以使用的東西、產生效用，以及把錢分配給生活有困難的人。

金錢和水一樣，會在社會中持續循環。似乎金錢的流動可以讓大家變幸福。然而，並不是只要讓金錢流動就好。如果只關心金錢流動的量，就會被專家們的話給騙了。

那就是「爲了經濟」這句話。

這句話幾乎就和「爲了金流」是一樣的意思，但是只要提到「經濟」二字，就有種謎樣的說服力。原本是爲了人而存在的經濟，現在反過來強迫人們。

一旦金錢的流動本身變成目的，就會讓人去做沒有用的勞動，而忽略了這帶給人們的效用其實很少。

「經濟效益」一詞潛藏的陷阱

「二〇二四年，紙鈔即將改版。經過試算，發行新紙鈔，可以帶來一．六兆日圓的經濟效益。」

有這樣一篇新聞報導。

經濟「效益」高達一．六兆日圓，這對我們來說似乎是非常好的事情。但是，這裡面存在著很大的陷阱。要是誤解經濟效益這個詞，將讓我們在不知不覺間消耗而疲乏不已。

我們重新思考這篇報導的意思。

二〇二四年，一萬日圓紙鈔上的肖像將由福澤諭吉改爲澀澤榮一。要更新紙鈔的設計，必須購買各種設備。日本銀行要購買印製紙鈔的印刷設備；金融機構則是要購買能夠辨讀新紙鈔的ATM；自動販賣機業者也要更新機種。購買這些設備的的費用合計一．六兆日圓，這被稱爲經濟效益。

經濟羅盤

▲有人勞動，才能夠製造物品

▲物品的效用，是讓某個人幸福

（思考「是誰在勞動，會讓誰幸福」很重要）

△金錢的價值，在於未來能獲得別人的服務

△金錢不會增減，只會移動

再來看看經濟羅盤，此時，會同時產生兩個變化：

①金錢的移動

②勞動力轉換爲物品

首先是關於①金錢的移動。

有人說：「購買新的設備，會產生一・六兆日圓的需求和新的工作機會。」他們認爲會有一・六兆日圓的工作產生，社會整體會增加一・六兆日圓的收入。

但是拿到一・六兆日圓，這只不過是生產者的觀點。的確，製造ATM的廠商和相關產業的營業額會增加，工作人員的薪水會變多，也會雇用新人。

另一方面，社會整體也多一・六兆日圓的支出。銀行換購ATM，銀行的錢就減少了。因此給行員的薪水也可能減少，我們使用銀行帳戶的手續費也可能增加。

「一・六兆日圓的經濟效益」，只是意味著「一・六兆日圓的移動」。以社會整體來看，金錢並沒有增加。對於社會整體而言，重要的不是①金錢的移動，而是②勞動力轉換爲物品。

隱藏著不合比例的勞動

將焦點放在勞動力轉換爲物品，會有什麼發現？

一．六兆日圓的金流會連結上許多的勞動力，需要製造新的印刷機、ATM、自動販賣機，以適用新紙鈔。新紙鈔帶來的效用，主要是防止僞造。人口五十五萬人的日本鳥取縣，一年縣內的總生產額約一．九兆日圓，所以一．六兆日圓所需要的勞動力，足以堪比。相較於這麼龐大的勞動負擔，我們使用新紙鈔時，也要感受到很大的效用才行，這樣的生產活動對社會才有充分的意義。如果感受到效用很小，對社會的負擔就太大了。

自然發生的生產活動，可以不用這樣細細比較負擔與效用，因爲效用必然比勞動負擔來得大。

如果工作者願意爲了拿到一．六兆日圓而勞動（代表一．六兆日圓大於勞動負擔），使用者也願意爲了得到效用而支付一．六兆日圓（代表效用大於一．六兆日圓），那麼「效用大於勞動負擔」的不等式就能夠成立。

但是，像發行新紙鈔這種因爲政府政策半強迫的生產活動，很有可能會陷入「勞動負擔大於效用」的狀態。

利用〈第1話〉中發行馬克紙鈔的四兄弟一家來當例子，很容易就能理解。某一天，爸爸這麼宣布：

「明天開始，使用一馬克的紙鈔，必須在紙鈔的空白處畫上澀澤榮一的肖像。」

擅長畫圖的長男，在自己的馬克紙鈔上，一張一張仔細畫了澀澤榮一的肖像。其他三人各自付一馬克給長男，讓他幫忙把自己的所有紙鈔都畫上肖像。如此就產生了三馬克的經濟效益。

但是這樣生活有變得比較富足嗎？金錢雖然從其他三人轉移到長男手中，但是沒有產生任何效用。只是徒增沒有效益的工作。

我並不是想要批判這項政策，重要的是思考「多少勞動力，可以帶來多少幸福」。如果以「增加GDP」「創造就業機會」爲目的，被所謂的經濟效益迷惑，失去冷靜判斷，將導致不成比例的勞動產生。說到底，經濟效益只代表金錢移動的量而已。

所以，聽到「經濟效益」的時候，首先應抱持懷疑：「這是不是效用不明的生產活動？」如果被數字欺騙，放任不合比例的勞動與資源投入，社會將漸漸消耗而疲乏。

只思考金錢流動，會遺忘經濟的目的，就像爲了提高分數而「熬夜念書」的學生。

GDP是「考試分數」

隨著金錢的流向，決定了勞動或自然資源要投入在什麼地方，也決定了會爲生活帶來多大的豐足。但是，生活的豐足無法用客觀的數值表示。

所以我們改以增加GDP（國內生產毛額）爲目的。所謂的「我們」，是代表執行全體人民意志的政府。

所謂的GDP，是表示一整年國內經濟活動所生產的產品的市場價值。這也是大家支付的金錢總額，爲了生產產品而流入的金錢的量。由於「生活的豐足程度」無法測量，所以只好拿代表「產品的價格總額」的GDP來替代。

「日本經濟在這一年幾乎沒有成長」或「達成二%經濟成長」，這種時候提到的「經濟成長」，是指GDP於一年之中提升的比率（有進行嚴密的價格調整）。我們用GDP成長多少來評斷政府。也認爲，如果GDP增加，我們的生活應該會更加富足。

這就和我們在學校期末考很類似。由於學習能力無法客觀數值化，所以就以考試成績來代表學習能力。但我們讀書的目的，是要提升學習能力，而不是爲了考試分數。

不過，習慣了用分數來評斷，慢慢的，目的就會被扭曲，變成以提高考試分數爲目的。考前一晩熬夜念書，考試結束之後，全部忘了也無所謂。

我們社會的目的到底是什麼？應該不是增加GDP，而是要豐富大家的生活吧？

效用因人而異，無法數值化，所以提到「經濟」，就把價格認定爲價值，有時候也直接稱之爲「經濟價値」。

家人做的飯糰沒有經濟價值，便利商店賣的飯糰有經濟價值。花費一百億日圓建造的機場，有一百億日圓的經濟價值。

當以經濟價值來思考成爲理所當然，便會認爲經濟價值就是產品本身的價值。即使機場的使用率很低，但是因爲花了一百億日圓建造，所以就相信有一百億日圓的價值。一旦變成只看金錢，人們的幸福就被拋諸腦後。

於是，沒有人在意「是爲了誰」「能增加多少效用」，優先執行只強調經濟效益、以增加GDP爲目的的政策。擔心如果GDP不增加，我們的生活就無法變得富足。

但是，請不要擔心。我們的生活是確實向上提升了。

「效率」與「累積」讓生活更富足

二〇〇〇年的時候，三十吋的電視要價二十萬日圓。到了二〇二〇年，五十吋的薄型電視不到十萬日圓。

由於生產技術的提升，我們可以用便宜的價格買到高效能的產品。但是，如果只看經濟價值，就不會注意到這一點。只要GDP下降，就持否定看法。

開頭的謎題，選項A「生產技術提升，大尺寸電視變便宜」會妨礙經濟成長。

選項C「徹底實施品質管理，讓電視變得不容易壞」也一樣。修理費用減少了，換購新品也變少了。以「經濟」的觀點來看，只要是不花錢，都是負面影響，所以這道謎題的答案是B。

但是，不會讓「經濟」成長的選項A和選項C，對我們來說才是值得高興的事情。更有效率的製造產品，更有效率的使用產品，就能以較少的勞動，獲得更多的效益。

「效率」才能夠豐富我們的生活，而不是GDP。「累積」也能夠豐富生活。我們的生活並不是單靠一年的勞動就可以成就，而是靠過往勞動的累積，才有現在的生活。

就來舉幾個豐富我們生活的具體實例：

- 高速公路、鐵路、高鐵等交通網發達，可以很輕鬆的前往全國各地。
- 每個人都能接受義務教育，全國各地都有高等教育設施。
- 智慧型手機可以看影片、聽音樂，瞬間接收各種資訊。
- 利用社群媒體，微小的聲音也可以擴及到整個社會。

我們從交通網發達所得到的效用，是以往到現在數十年以上勞動的累積。而我們在意的GDP，只看一個年度，並不能測量其效用。

幾乎主要都市之間都有高速公路或高速鐵路連接，因此，新建道路或鐵路的GDP會逐漸減少。減少意味著我們已經足夠，因此不需要感嘆生產活動的減少。雖然新建的延伸道路和鐵路減少，但是已確實爲我們帶來便利（當然，老舊汰除的問題需要另外考量）。

不論是醫療設施、教育設施，都是過往勞動的累積，才能帶來現在的效用。

技術也是過往的累積。我們手上的智慧型手機，就是多種技術的累積。電話、相機、電視、音響、電腦等等，以往都是要十萬日圓以上才能買到的家電，現在只要一支智慧型手機就能擁有全部的功能。雖然GDP下降，但是效用增加了。

制度和機制也是過往的累積。以前的人所規畫出來的醫療制度，全民加入健康保險，小孩才能免費接受醫療。透過社群媒體等機制揭發不公不義之事，就像促使國家民主化的「阿拉伯之春」一樣。

我們的生活構築在過去的勞動之上。僅一個年度的GDP所代表的生活豐足，只是一小部分。

現在是未來的基礎

在第2部中，我們討論了社會整體的錢包。因爲在社會這個大錢包外面已經沒有錢包，所以金錢不可能增加，而增加金融資產也沒有意義。

現在，我們進行生產活動的目標之一，是增加GDP。如果GDP沒有增加，收入減少，爲金錢所苦的人就會變多。

可是，勉強去做幾乎不會帶來效用的生產活動，只是讓大部分的金錢流進了少部分有權有勢的人荷包裡。如果要這麼做，還不如直接把錢分給困苦的人比較有效果，而且還能有效利用勞動與自然資源。如同過去的人們爲我們現在的生活打下基礎，我們也要爲未來奠基。

舉個例子來說，假設我們生活在高塔上。塔的高度是迄今爲止積累的效用，從上面遠眺的景色，是生活豐足的表現。每年的GDP就是再花錢往上蓋一層，讓塔變高。

塔越高，眺望的遠景越美，我們的生活也更豐足。但是，盲目的增加GDP這種費用，塔也不一定會變高。就像沒有人使用的機場，並不會帶來效用。相反的，積累的生產技術可以降低費用，產生更多效用。只看一整年花的錢，是無法測量塔變得多高。

另外，GDP代表的是一年之中的生產量，只是最高那一層的建築費用。從最高的樓層可以眺望美景，是因爲有下面樓層當基礎，而不單是最高樓層的功勞。我們使用得理所當然的道路、水管，是包含了數十年前的GDP，是那些時代勞動的積累。

我們現在正在建造的最高樓層，也會成爲未來的基礎。包含GDP在內，勞動所生產出來的產品，以及過程中所培養出來的技術、爲了我們生活幸福而構思的制度等等，不只豐富了現在的生活，也關乎未來的幸福。太過局限於GDP，很容易只看見自己的腳下。

未來對於我們是未來，對於未來世代則是現在。

想要到達幸福的未來，我們應該怎麼做？

最後的第3部要來思考社會整體的問題。

第3部

社會整體的問題不是用錢就可以解決

QUESTION

10

以下選項中，靠政府徵收的稅金可以解決的問題是哪一個？

A 貧困問題

B 年金問題

C 政府舉債的問題

ANSWER

A

貧困問題

如同到目前為止大家所看到，以社會整體的觀點來看，金錢不會增加，只會流動。金錢的流向會連結上我們的勞動，勞動製造出產品，這些產品帶來的效用，能夠讓人們幸福。

換個方式說，社會中金錢的角色，是決定勞動的分配與產品的分配。所謂勞動的分配，是指勞動力要投入何處。要蓋房子？還是要製造智慧型手機？數學、量子力學、ＩＴ技術等研發，或是新制度的構思與建立，也都是勞動的分配。投資或消費等金錢的流向決定了勞動的分配。

生產出來的產品，則由花錢的人決定如何分配。可以由花錢的人直接拿去使用，也可以捐贈或轉送給他人使用，像道路是由政府花錢修築，但是大家可以免費使用。

社會問題之中，金錢可以解決的，只有分配的問題。

如果有人因爲貧困而無法購買必需物資，那就以生活保障爲名義，發放補助金即可。只要使用金錢，就可以改變產品的分配。幼兒園不足，那就編列幼保預算，改變社會中勞動的分配。社會中一部分的勞動或物品不足時，以金錢來改變分配，就能夠解決問題。

但是，當社會整體的勞動或物品都不足的時候，用錢也無計可施。日本江戶時代接連幾次鬧飢荒，國內米糧不足，餓莩遍野。即使散盡千金也不可能解決問題。

年金問題和政府的舉債問題等等，是社會整體的問題，不是靠分配就能解決。社會整體的問題是金錢解決不了的事情。但是我們總是不自覺的以爲，社會整體的問題也可以用錢來排除。

我們似乎是誤會了什麼。也許我們應該從金錢以外尋找解決方法，可能問題是出在別的地方，也可能本來就沒有問題。

把這些問題困難化最主要的原因，就是以金錢爲中心來思考經濟。如果以人爲中心來思考，問題會簡單很多，也更直覺，因爲只要關注「是誰在勞動，會讓誰幸福」即可。

另一個糟糕的部分是，社會並不等於國家。我們生存的社會整體，並不光是你所在的這個國家。如果是在鎖國的江戶時代，說社會等於國家，那還說得過去，但生活在現代的我們，是與其他國家互相依存。我們的社會是擴及整個地球。

也就是說，的確，社會整體錢包的外面沒有東西，但國家的錢包是有內外之分的。

我們就先從國家的錢包開始思考吧。與其他國家貿易代表什麼？進一步再來談政府舉債及年金問題。

第8話

為什麼貿易順差，生活也不會變富足？

貿易賺錢，有時會引起外國的指責。難道賺錢是壞事嗎？如果不以錢為焦點，而是以人為中心來思考，看待貿易的方式也會不同。在一邊思考國家錢包的時候，也一起思考存錢的意義吧。

QUESTION

11

日本對美國每年有數兆日圓的貿易順差。
現在哪個國家的人因為貿易，生活變得更富足？

A 美國
B 日本
C 兩國的生活都變得更富足

ANSWER

A

美國

貿易順差是壞事？

在白宮前，幾位美國議員高舉榔頭，下一秒就把日本製的錄音機狠狠砸壞。看起來瘋狂之舉，但是把他們團團圍住的人群沒有驚呼尖叫，反而歡聲雷動。

這是一九八七年在美國很盛行的「打擊日本」（Japan Bashing）風潮。當時美國失業者遽增，這些憤怒的矛頭就指向了日本。

一九六〇年到一九七〇年，迎來高度成長期的日本，從戰爭中復興，生產力大增，GDP成長至世界第二，僅次於美國。一九七〇年代結束，錄音機、電視機、汽車等工業製品大舉出口，之後貿易順差（日本出口總額減去進口總額）也逐漸擴大。

一九八七年，日本的貿易順差已超過十兆日圓，幾乎都是對美國的貿易（對美國來說是貿易逆差）。結果壓縮到美國家電產業及汽車產業的銷售量，很多人因此失業。當時「要進口美國商品」的壓力與日俱增，日本被要求增加牛肉及柳橙的進口。

「因爲貿易順差而賺取大量金錢的日本，生活過得富足，而收入銳減的美國，生活困苦。絕對不允許這種不公平的事情發生，所以日本也應該購買美國的產品。」

似乎可以聽到美國這樣強烈主張。但是，隨著日本貿易順差，生活變得更加富足的，其實是美國。

所謂的貿易順差是「爲外國工作」

美國從日本進口大量工業產品。從國外購買產品究竟是怎麼一回事？讓我們再看一次經濟羅盤。

經濟羅盤

▲有人勞動，才能夠製造物品

▲物品的效用，是讓某個人幸福

（思考「是誰在勞動，會讓誰幸福」很重要）

△金錢的價值，在於未來能獲得別人的服務

△金錢不會增減，只會移動

這邊再次以〈第1話〉中使用馬克爲家庭貨幣的四兄弟一家爲例。

假設你是四兄弟的長男，你聽說鄰居在製作性能良好的電視機，無論如何

貿易的金錢動向

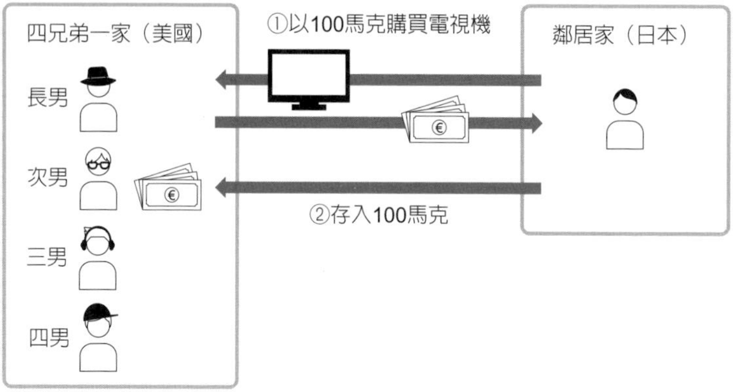

都想要一台，所以就去拜託鄰居：

「不管什麼我都會做，給我一台電視吧！」

你想用自己的勞動來換取電視，但是對方卻給了讓人吃驚的回覆：

「沒問題啊！給我你們家的貨幣一百馬克就好。」

沒想到只要支付原本只在四兄弟家中使用的家庭貨幣，對方就願意提供一台電視。對方還進一步要求：

「因爲馬克只能在你們家使用，所以先幫我存著吧。」

然後把一百馬克拿給肩負銀行角色的次男。

次男把存入的一百馬克借給三

男，三男也買了電視。然後這次購買的錢也是交給次男保管。

你家不需要為了得到電視而揮汗工作。揮汗工作的是製作電視的鄰居家。而且他還把購買的錢借給你，錢根本也沒有離開家裡，還可以再次使用。

如果光看金錢的部分，鄰居家馬克存款增加，好像賺了一大筆。但是如果從「是誰在勞動，會讓誰幸福」的角度思考，印象會截然不同。是鄰居家在勞動，為你們家帶來便利。

但是有一個人可能會抱怨，那就是四男。

「因為鄰居家的關係，哥哥們都不買我做的電視機！」

這就是美國失業者增加的狀況。的確，四男一時失去了工作，但是，電視賣不出去，可以改生產別的產品。以往生產電視的勞力，現在可以用來研發電腦。電腦完成之後，你們家的生活會更加便利舒適。

你們家就像貿易逆差不斷增加的美國。美國對日本大發雷霆完全不合理。

那麼日本的立場又是如何？

因為出口工業產品到美國，所以收到大量的美金。如果使用這些美金，讓美國人勞動，豐富日本人的生活，那也就罷了，但是日本並沒有使用，只是存起來。日本大幅的貿易順差，代表日本進口比出口少很多。我們並沒有讓美國做多少事。

所以，現在生活變得更富足的，不是日本，是美國。所以正確答案是A。

如果把貿易順差所累積的外幣拿來使用，將來就可以讓美國爲我們工作。所謂的貿易順差，不是豐富現在的生活，而是爲了將來所做的「勞動借出」。

更正確的說法是「勞動這項資源的借出」。此外，貿易關係並非永遠都是公正公平的，有時候，弱勢國家的勞動被不當的廉價購買；資源國家等強勢國家，除了勞動之外，還有不當得利，這一點也必須要注意。

國家錢包裡有「勞動借出」

先前提到，社會的錢包沒有外面，所以金錢無法增加。對於生活在國際社會中的我們而言，社會不等於國家。包覆著整個國家的「國家錢包」，還有外側存在。

不是所有的外幣都能匯兌

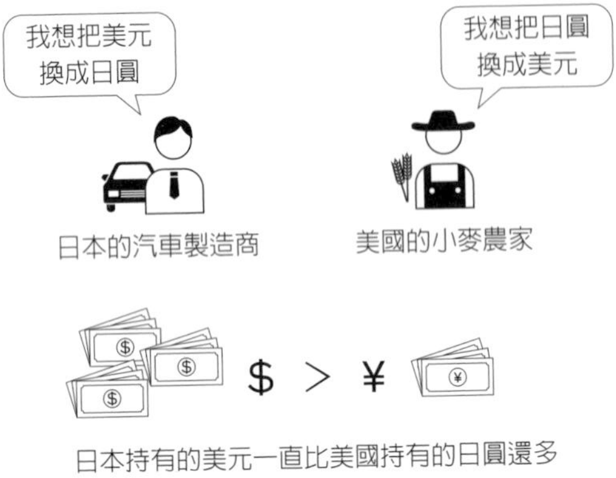

日本持有的美元一直比美國持有的日圓還多

如果爲自己國家以外的美國人工作，收到美元，將來有困難的時候，就可以讓美國人爲你工作。

這些美元存在美國的銀行。爲什麼日本沒有拿回來用呢？即使用不到，與其借給美國銀行，還是換成日圓，存在日本的銀行比較好吧？

不過，匯兌並不容易。要在銀行將美元兌換成日圓，還必須有人想將日圓換成美元才行。

舉例來說，美國的小麥農家把小麥賣給日本，收到日圓，他們拿到日圓也用不著，所以想匯兌。可是，日本汽車製造商持有的美元，比美國小麥農家持有的日圓更多，所以要將所有因出口而拿到的美元都換成日圓是有困難的。

因此，靠貿易賺錢的日本企業，獲得大量的美元，大部分都原封不動的存在美國的銀行，或是以美元的形式運用。

對於「勞動借出」，不是只要支付外幣就行。如果國家政治動盪，或是沒有充足的勞動力，將來能否返還勞動力也不得而知。任何人都想持有政局穩定國家的貨幣。美國一直都有堅強的軍事實力，也是擁有很多勞動力的大國。

美國的進口額遠比輸出額來得高，二〇二〇年，美國一年的貿易逆差，換算成日圓，超過七十兆日圓。不只是日本，很多國家都在幫美國工作，創造「勞動借出」。日本迄今已經做出非常大量的「勞動借出」，高過其他國家。

日本這個國家錢包的內容

日本至今仍持續爲美國等外國工作著，如下頁圖表所示，累積的貿易順差已經達到兩百四十兆日圓（二〇一九年底爲止）。

日本的貿易順差

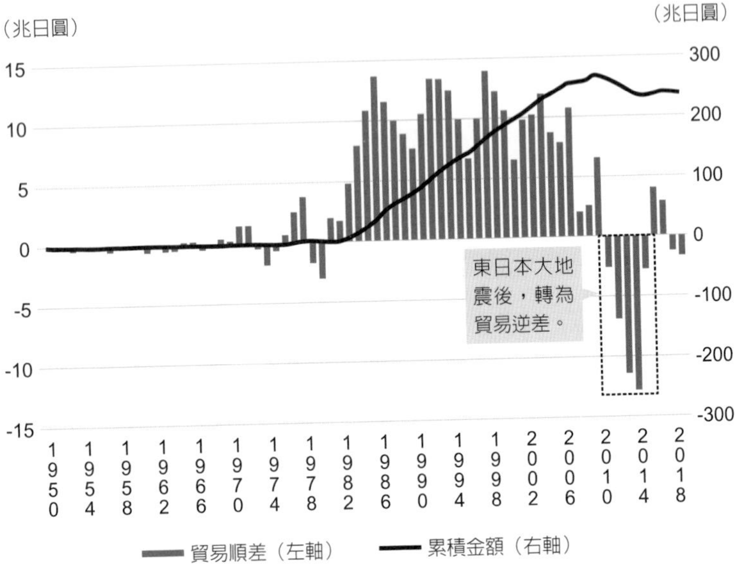

出處：日本財政部貿易統計

並不是所有的錢都沉睡在美國的銀行裡，而是以各種形式被運用著，諸如購買美國國債、美國股票、不動產等等。日本金融機構及企業持有的美國國債，換算成日圓達一百二十六兆日圓（二〇一九年底爲止），每年的利息已達數兆日圓。

因爲這些投資，日本（政府、企業、個人）在外國持有的資產達到三百六十四兆日圓（二〇一九年底爲止），比世界各國都還要多，這就如同「國家錢包」的存款。

對此你怎麼想？

「這三百六十四兆日圓又不是我的錢！是政府和企業持有的錢，跟我沒關係。」

但是，你其實在不知不覺中受惠。我們在銀行很容易就能兌換外幣，去海外旅行，或是購買國外的產品，都是因爲有人想將持有的外幣兌換成日圓。爲外國製造產品，累積了大量外幣的日本企業，因爲有它們的存在，我們才能夠兌換外幣。

還有其他持有外幣、想要兌換成日圓的人，那就是來日本旅行，或是購買日本產品的外國人。這些人在全世界爲數頗多。日本的服務及日本製產品的高品質，可以說是日本勞動的信用培養出來的結果。正因爲有這些外幣的累積和信用的累積，讓你即使沒有爲外國工作，也能輕鬆取得外幣這種「勞動借出」。

如果日本沒有這些累積，我們就無法購買外國的產品，也不能到海外旅行。你必須先爲他國工作，賺到外幣之後才能實現這些事情。

而且，因爲有「勞動借出」，遇到困難的時候，才能獲得外國的協助。二〇一一年，發生東日本大地震，日本東北地區遭受嚴重的災害。工廠無法使用生產設備，日本的生產力大幅下降。但交通基礎建設、建築物的重建等等，地震復興需要投入大量的勞動力。

即便如此，日本卻沒有發生物資不足的情況，是因爲可以增加進口，借用外國的勞動力來幫忙（災區物資不足，則是因爲物流網絡中斷，這又是另一個問題）。

地震發生後，有幾年貿易逆差超過十兆日圓，但日本經濟沒有因此崩潰，也是因爲使用了以往累積的「勞動借出」。「國家錢包」裡累積了大量的「勞動借出」，靠著過去人們的努力，現在的我們才能夠生存。

那麼，相反的「勞動借入」又是什麼？

「勞動借入」苦了將來的世代

日本使用手上持有的美元時，就是讓美國人爲自己工作。這些美元以日本的角度來看，是「勞動借出」，對於美國來說則是「勞動借入」。

所謂的「勞動借入」，是外國爲自己勞動時所支付的本國貨幣。隨著存款的利息或運用方式，金額有可能會增加。

對日本而言的「勞動借入」，是外國持有日圓的總數。讓外國爲自己勞動，支付的日圓越多，國家的「勞動借入」也會增加。

未來只要這些國家支付日圓，就能讓日本某個人爲他們工作。也就是說，「勞動借入」會造成後代的負擔。四兄弟一家沒有勞動就取得電視，是因爲跟鄰居家借了勞動。將來如果鄰居使用存在銀行裡的馬克，四兄弟就得老老實實工作歸還。

日本的國家錢包裡有各種外幣，累積了大量的「勞動借出」。另一方面，外國持有的日圓「勞動借入」也在累積。

「國家錢包」是很嚴格的。如果是個人錢包，困頓無力之際，還可以得到幫助，例如免除稅金，或是政府給予補助。但是國家錢包就不是如此，困頓的時候，沒有人會幫忙。不同於個人錢包，你也無法拋棄繼承。一旦外國使用日圓，下個世代就要好好工作歸還。「跟我們這個世代無關」的藉口並不適用。

前面圖表中，日本貿易順差的變化，呈現出「勞動借出」與「勞動借入」的差異。現在的日本，對於未來世代而言，無疑還是「勞動借出」很多的狀態。

「勞動借出」並不是一種浪費，將來遇到困難的時候，這讓我們可以得到外國的幫助。各國之間就是透過貿易，互相進行勞動的借貸。

如果不能有效使用國內的勞動力，可是會殃及後代。

浪費勞動是會滅國的

藉著貿易的話題，我們再回顧一下經濟效益的話題。

前面提到，發行新紙鈔可以帶來一．六兆日圓的經濟效益，但GDP增加一．六兆日圓，只是金錢的移動，金錢的數量並沒有增加。

雖然社會整體的金錢數量不會改變，但是能藉由貿易，將錢送到國外。每一次從國外進口製造印刷機器或ATM的材料、零件、燃料等，日本國內的日圓就會逐一流到他國的錢包。數千億規模的「勞動借入」，未來的世代必須返還。因此，評估一項經濟活動時，考量「多少勞動，可以帶來多少幸福」是必要的。

「勞動借入」增加，將來爲他國工作的人會增加，爲本國勞動的人會減少，國內的生活會變得困苦。

這現象在世界各地不斷發生。

下一話，要回顧過往的歷史。

第9話

因為鈔票印太多，所以物價才會上升？

金錢過度增加，物價持續急速上漲的情況，稱為惡性通貨膨脹。到目前為止，世界上已經發生過無數次惡性通貨膨脹，讓很多的人生活苦不堪言。

QUESTION

12

發生惡性通貨膨脹，讓人們生活痛苦的根本原因是下列哪個選項？

A 鈔票價值下跌

B 社會混亂

C 勞動力不足

ANSWER

C

勞動力不足

四千億馬克的麵包

一個女人抱著沉重的袋子走進麵包店，從敞開的袋口，可以看到滿滿一綑綑的鈔票，但誰都沒有側目以對。當時在這個國家，這樣的光景並不會特別引人注目。

這是一九二三年的德國。政府大量發行紙鈔，紙鈔的價值跟廢紙差不多。所有物價都上漲，街上到處都是我們看來匪夷所思的光景。要去購物的人用手推車運送大量的鈔票，孩子們拿著比積木還容易取得的鈔票堆著玩。剛剛從麵包店出來的女人，現在看起來一身輕，原來，大量的鈔票只換到兩個麵包。

一九二三年一月，兩百五十馬克就能買到的麵包，在同年十二月，漲到要四千億馬克才能入手。加上前後的期間，物價整體上升一兆倍。紙鈔的價值變成一兆分之一，甚至還發行面額一百兆馬克的紙鈔。國內物資匱乏，人民生活困苦。

當時的德國大量印製紙鈔、發行國債來借款，紙鈔的價值急遽下跌，引發通貨膨脹。

現在的日本也是國債發行餘額不斷增加，突破一千兆日圓。

也曾經聽過專家表示：「照這樣下去，現在的日本也會像戰後一樣爆發惡性通貨膨脹。買不起食物和生活必需品，大家的生活變得很辛苦。」

的確，戰後日本政府也是發行大量國債。五年內，物價跳升了八十五倍，根本買不到生活必需品。

這位專家的意見似乎很有道理，但是仔細想想又覺得不太對勁。即使金錢的價值下跌，只要人們持續工作，就可以持續生產物資。

無法取得生活必需品，一定還有別的理由。

物資不足的理由

我們在這本書提過好幾次，製造物品，需要的不是錢，而是工作的人。結合自然資源與勞動來製造物品，到現在仍是不變的大原則。

會發生物資不足，原因可能是下列四項：

①自然資源不足
②勞動力不足
③生產被干擾
④物資被獨占

江戶時代的日本，由於自然災害及天候因素，導致米糧等作物收成驟減，發生過好幾次大飢荒。這時候食物價格高漲（並非所有物價都上漲），這就是①自然資源不足所導致。

昭和年間有兩次通貨膨脹，起因是對於石油這項自然資源不足的不安，人們開始囤積物資，導致生活必需品價格上漲。零售商也因爲期待商品價格上漲而惜售，一時間造成物資不足。不論買方或賣方，都是預期物價會上漲，所以囤積超過需求量以上的物資。也就是①和④兩者皆有。

戰爭時也容易發生物資不足。因爲很多人被抓去打仗，或是生產軍需物資，生活必需品的生產勞動力減少。此外，敵軍的攻擊導致工廠被破壞，生產力也會下降。這就是②和③。

那麼，一九二三年的德國，或是戰後的日本，政府大量印製紙鈔和舉債，應該就是①和④。因爲物價高漲造成經濟混亂，導致物資不足，從這一點來看，似乎也符合③。

但是，根本的原因是②。政府大量發行紙鈔，在不知不覺中剝奪了國民的勞動。我們來回顧歷史，仔細看看德國和日本的例子。

大手筆增加「勞動借入」的德國

想要了解一九二三年德國的慘況，必須回溯到四年前。德國在第一次世界大戰中戰敗，於一九一九年簽訂凡爾賽條約，根據條約，每年必須支付大量的賠償金給法、英、美等戰勝國。支付條件經過反覆磋商，最後決定使用外幣支付。

但是，百廢待舉的德國根本沒有能力賺取外幣。戰爭造成大量死傷，生產力驟減。德國生產的煤礦，每年也要義務性的無償提供給戰勝國。

因此，德國政府發行大量紙鈔來購買外幣，以支付賠償金。或許你以爲印紙鈔就能輕鬆解決，但事實上，與〈第8話〉提到的進口話題相同，爲了「進口」外幣，需要印製大量的本國紙鈔交給外國，也就是創造大量的「勞動借入」。

外國收到德國紙鈔後，如果放在金庫中保管，那也沒有任何問題。但是這些大量的德國紙鈔如果被拿來使用，就會在不知不覺中剝奪德國的勞動力。德國的人們都在爲外國工作，爲外國製造產品，國內物資減少也是必然的。

一九二三年一月，德國魯爾區被法國和比利時占領。這裡的煤炭產量占全國七成以上、鋼鐵產量占八成以上，是德國的心臟地帶。這個事件本身就加速了物資不足的現象，但是讓事態更加惡化的是德國呼籲當地大量的工人罷工，並支付參加罷工者薪水，這筆費用也成爲物資不足的原因。

如果工人在礦場工作，領法國的薪水，他們就可以用法國貨幣來生活。但是因爲參加罷工，領的是德國的薪水，變成要用德國貨幣來生活。也就是說，爲了支持他們的生活，必須讓其他的德國人工作。

這樣你就知道，德國物資不足，不是因爲印太多鈔票，而是金錢的使用方式出問題。購買外幣、支付罷工者薪資，都在在剝奪了國內的勞動。

戰爭的損害，再加上工業地帶被占領，國內能夠使用的勞動力不足，導致物資不足的情況加劇。但很多人眼中只看到金錢增加，沒有發現勞動被剝奪。

戰後的日本也發生同樣的狀況。

增加金錢而剝奪勞動

一九四五年八月十五日，戰爭終於結束，本來應該回歸和平，但是等著日本的，卻是嚴重的資源短缺。

第二次世界大戰當時，日本人口大約七千萬人，死亡人數約兩百萬人或三百萬人，大多都是勞動人口。因爲空襲的緣故，很多大都市遭到破壞，住宅、工廠都被燒毀。勞動力不足，生產設備也不夠。

尤有甚者，很多工廠設備都被被中國、荷蘭等國搬走，當作賠償。因爲戰爭的種種，日本的生產力顯著下跌。

一九四五年，日本的農產品產量降至十年前的六成左右，礦業的產量也是十年前的四分之一。

如同先前提到的德國一樣，大量的金錢被使用，剝奪了國內的勞動力。戰爭結束後，一九四六年的政府預算，總額的三分之一都支付給占領日本的聯合國軍隊，用於戰後處理費。

這不只是錢的問題，還有勞動力的問題。這麼多錢都給了聯合國軍隊，代表國內大量的勞動力被他們剝奪。實際上，建造聯合國軍隊的兵舍、宿舍，以及物資調配，很多人都是在爲聯合國軍隊的工作和生活而提供勞動。

戰後生產力大幅下跌，加上勞動力被剝奪，物資不足無可避免。不管有錢沒錢，糧食等必需品都一樣短缺時，只能不惜一切代價，在買得起的範圍內，不管多少，都要把錢掏出來。價格高漲是一定的※1。就和新冠肺炎爆發時，口罩價格飆漲一樣。

如果只是要避免惡性通貨膨脹，那有方法。戰爭時也要控制國內的生產活動，進行價格管制，或是實施物資配給制※2。不要給聯合國軍隊金錢，而是給物資，或是派人爲他們工作，這樣就不用發行國債，物價也不會上漲。可是，如果不能從根本解決生產力不足的問題，物資不足一樣不會改變。

※1戰後的五年間，物價（躉售物價指數）高漲八十五倍，國債餘額也增加了三・六倍。

※2戰爭時，日本派出七百萬人投入戰爭，並根據國家總動員法，優先生產武器、彈藥、裝備等軍需物資，導致生活必需品不足。但同時實施價格管制，禁止物品高價販售，生活必需品採用少量配給。因此戰爭時物價上升有限，一九四〇年到一九四五年的五年間，物價（躉售物價指數）上升一・六倍，同一時期國債發行餘額增加四・七倍。

金錢能做的只有「換一個人受苦」

如同德國和日本的例子，在惡性通貨膨脹爆發之前，國內的生產力就已經下降。因生產力過少而發愁的政府，只能靠增加金錢來解決，結果引起惡性通貨膨脹。

發行國債、印鈔票，都是增加金錢的手段，但是卻無法解決勞動力不足的問題。當增加的錢被拿來使用時，就會剝奪勞動力。已經很稀少的勞動力，被用在生產生活必要物資以外的東西，更加重物資不足的情況。

金錢辦得到的事情，只有勞動的分配與物資的分配。即使增加金錢，也無法解決勞動力不足或物資不足的問題。

我們面對的年金問題，也是勞動力不足、物資不足的問題。根本的原因是高齡者增加，但是工作世代，也就是勞動人口大幅減少。工作世代減少，生產力就會減弱。無法取得必要物資，生活就會陷入困苦。

如果高齡者領取的年金不夠買生活必需品，生活陷入困苦，那麼政府只要出錢補助他們就可以了吧？很遺憾的，政府能做的只有「換一個人受苦」。

例如加重工作世代的稅負，以支付高齡者充足的年金。雖然高齡者生活過得去了，但是卻變成工作世代在爲生活所苦。只是換一個人受苦而已。

那麼，發行國債，讓工作世代和高齡者都有充足的錢如何？這還是不能解除國家整體的物資不足問題。因爲不是錢變多，物資就會生產得多。物價上漲，沒有充足的物資可以流通，全部的人都得承受。

即使已經察覺到國家整體生產力下降的問題，似乎也無法解決年金問題。想要改變未來，現在的我們必須思考能夠怎麼做。

在這之前，還有一件事要重新審視，就是有關政府舉債。

先前提到，德國政府、日本政府都有發行國債，但很明顯看得出來，發行國債並無法增加勞動力。我們可能會這麼認爲：

「政府發行國債是債留子孫。」

未來世代必須工作來還債才行吧？

第10話

為什麼有的國家高額舉債卻沒破產？

債臺高築的家庭總有一天會破產，但是現在日本政府舉債超過一千兆日圓卻沒有破產，實在很神奇。

如果你感到不可思議，那你就是誤會了「政府舉債」的意思。

QUESTION

13

日本政府增加借款，會苦了未來世代？

A 當然會苦了未來世代

B 看錢是借來做什麼

C 看錢是讓誰去勞動

ANSWER

C

看錢是讓誰去勞動

我們無法「讓未來的人勞動」

二〇二〇年，在新冠肺炎疫情的影響之下，我們的生活丕變，遠距上班普及。超越距離，讓遠方的人爲你工作成爲可能，但是超越時間，讓未來的人幫你工作的時光機還沒有發明出來。

可是，爲什麼你會認爲「政府舉債就是讓未來的國民勞動」？

二〇二〇年度日本政府的預算是一百二十八兆日圓。我們來看看左頁的圖表。

2020年度日本政府的收入與支出

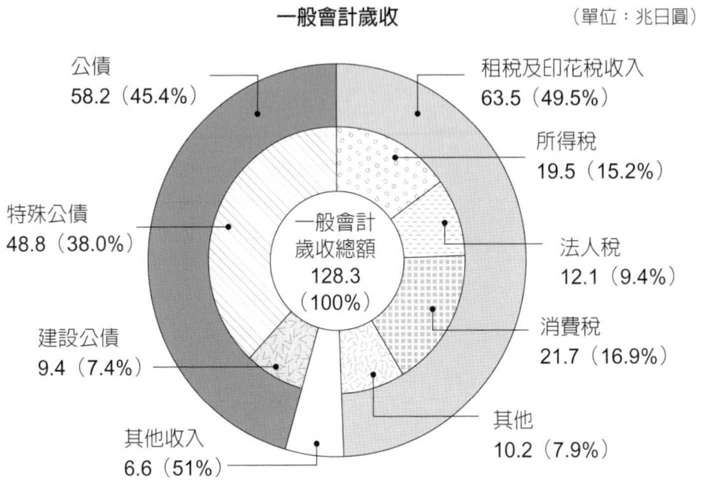
一般會計歲收
（單位：兆日圓）
公債
58.2（45.4%）
租稅及印花稅收入
63.5（49.5%）
所得稅
19.5（15.2%）
特殊公債
48.8（38.0%）
一般會計
歲收總額
128.3
（100%）
法人稅
12.1（9.4%）
消費稅
21.7（16.9%）
建設公債
9.4（7.4%）
其他
10.2（7.9%）
其他收入
6.6（51%）

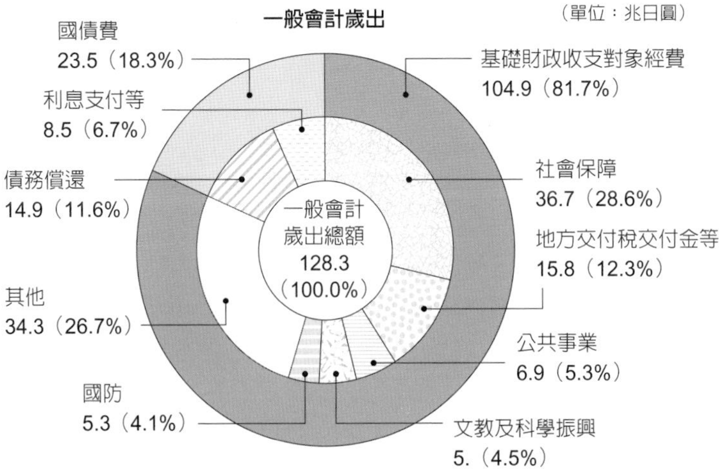
一般會計歲出
（單位：兆日圓）
國債費
23.5（18.3%）
基礎財政收支對象經費
104.9（81.7%）
利息支付等
8.5（6.7%）
債務償還
14.9（11.6%）
社會保障
36.7（28.6%）
一般會計
歲出總額
128.3
（100.0%）
地方交付稅交付金等
15.8（12.3%）
其他
34.3（26.7%）
公共事業
6.9（5.3%）
國防
5.3（4.1%）
文教及科學振興
5.（4.5%）

上圖是歲收（日本政府的收入），呈現如何籌措到一百二十八兆日圓。稅金的收入（租稅、印花稅）約占一半，六十四兆日圓。其餘的部分，有高達五十八兆日圓預定用借款（公債）的方式補足。

下圖是歲出（日本政府的支出），呈現如何使用經費。幾乎所有的錢都用在國民生活上，但是有約二十四兆日圓（國債費）用在償還借款。其中本金還款十五兆日圓，剩下的是利息。

一年還十五兆日圓，但是又借五十八兆日圓，光是一年就多了四十三兆日圓借款。

二〇二〇年，因爲新冠肺炎疫情延燒的特殊狀況，比往年增加三十兆日圓的借款，總負債額已經超過一千兆日圓。

看到這個狀況，不禁擔心得想要大聲疾呼：「政府每年拿發行國債這把『萬能鑰匙』來籌措金錢，會讓未來世代負債越來越多。」不管怎麼看都是很嚴重的問題。

不過，是不是有點奇怪？

借錢眞的是債留子孫嗎？明明就沒有時光機，怎麼把未來的人帶過來爲我們工作？

到底是哪裡看漏了？政府舉債又是怎麼一回事？

避險基金也想挑戰的「政府舉債之謎」

有這麼龐大的借款，爲什麼日本沒有破產？

我初次遇到本書一開始介紹的「政府舉債之謎」是在二〇一〇年。債臺高築的希臘政府幾近破產，希臘國債暴跌，歐洲金融市場爲之混亂，引發「希臘危機」。

我當時在高盛證券負責日本國債交易，連日都有海外種避險基金來詢問交易事宜。

「日本政府借款金額也很驚人，怎麼可能不破產。繼希臘之後，下一個就輪到日本了。」他們抱有這種想法，所以打算放空日本國債，藉此海撈一筆。

電視上的專家們也說：「再這麼下去，近幾年內，當銀行沒辦法再繼續買日本國債（銀行借給政府的錢不夠），日本財政就會破產。」

這在高盛證券內部形成很大的爭論。有可能變成壁紙的日本國債，再繼續交易下去，真的沒問題嗎？

我們最後的結論是「日本不會破產，國債也不會暴跌」。事實上，也真的沒有暴跌，避險基金幾乎都是大虧。

也就是在這個時候，我開始認眞思考「金錢是什麼」「借款是什麼」，成爲撰寫本書的契機。例如在〈第5話〉中提到的，存款會反過來變成借款，所以如專家們警告的，銀行沒有錢可以借給政府的狀況，過了十年，直到現在，依舊沒有發生。

這種金融或經濟的議題很容易變成專家們的事，但是任何問題的本質都是很簡單的。爲了解開政府舉債的謎題，我思考的方向也很簡單，到目前爲止也提過好幾次——

「到底是誰在勞動？」

政府的預算不是分配金錢，而是分配勞動

光看前面的圓餅圖，會只看到金錢的出處，感覺好像只要編了預算，想要的東西都能到手。但是，就像我們一路以來不斷確認的觀念，勞動的不是金錢，而是金錢背後的「人」。

就像寫這本書的當下，我們正與新冠肺炎搏鬥著，醫療院所無法再收容患者，不是因爲政府預算的問題。即使給了預算，如果沒有足夠的醫護人員，也無法提供更多的醫療服務。

現在的我們得到的產品或服務變多，不是因爲預算增加，或是舉債造成未來負擔，而是現在的人們增加了勞動所致。即使自己沒有多付出，也必然有人增加了勞動。

如同政府發放補助金一樣。我們之所以可以用補助金來買東西，是因爲有人工作，製造了產品。

也就是說，所謂的政府預算分配，分配的是我們的勞動。編列很多預算的項目，就代表要投入很多勞動。

戰爭時，國家政府會大幅增加軍事相關預算。人們的生活變得困苦，是因爲很多勞動力被軍事相關產業剝奪。如果只著眼於金錢，就無法察覺到這個事實。

政府付錢的時候，一定有人收下這筆錢，並且付出勞動。我們的生活能夠變富足，是因爲這些人的勞動所產生的效用。並不是發行國債，轉動萬能鑰匙就能輕鬆達成。

即使沒有未來的人替我們工作，但是政府借款不斷累積，總有一天還是得歸還。不過，請不用擔心，未來的世代不需要勞動就能還款。

只有「讓別人勞動」才需要歸還

我們花費了一千五百億日圓建造新國立競技場。對於這些政府借款來的費用，將造成未來世代的負擔，你心裡感到很歉疚。

這個時候，專家這樣說明：

「即使借了一千五百億日圓，但因爲完成了有一千五百億日圓價值的國立競技場，所以沒有問題。有什麼萬一，可以把國立競技場賣掉來還款。有一千五百億日圓的經濟價值，也增加了雇用。爲了驅動經濟，發展建設是好事。」

總覺得這樣說明似是而非，如果理論正確，那做什麼都是好事。二十年後，國立競技場的價值可能掉到只剩五百億日圓，而且沒那麼容易脫手。一旦狀況演變至此，爲了還款，就必須增加一千五百億日圓的稅收。未來的國民一定會生氣，怨恨現在的我們吧。

跟專家爭論是無用的。應該是說，他們對經濟的看法是以金錢爲中心，所以無法探討到本質。

重要的是「誰在勞動，會讓誰幸福」。

重新以人爲本來看經濟，會大幅改觀。

政府借款用掉一千五百億日圓，只是一種移動，所有在工程相關公司工作的人都有收到錢。不只是承包公司和其發包公司的員工，工作現場的便當、提供便當白飯的種稻農家，也都有拿到錢。建造國立競技場的，不是金錢，而是工程相關人員的勞動。國立競技場的價值也不是一千五百億日圓，而是人們從國立競技場得到的效用。

那麼，未來的世界會怎麼樣？當然，政府的一千五百億日圓借款，未來的國民必須繼承※1，但同時也繼承了一千五百億日圓的存款。

工程相關人員拿到一千五百億日圓，每次使用時，就是從某個人的錢包移動到另一個人的錢包，並沒有消失。即使錢包的擁有者過世，也還有其他繼承人。政府的借款也一樣，政府用掉的錢，也會由未來的國民繼承。

國立競技場即使經過二十年，依舊可以使用，效用依舊存在。未來的國民不用勞動就可以使用競技場，完全不用付出，就能得到效用※2。這都是託過去國民的「福蔭」。

如果家庭不斷借款，總有一天會破產，但是，現在日本政府的借款已經超過一千兆日圓，依舊沒有破產。從「是誰在工作」來思考，就不會覺得那麼不可思議了。

以家庭借款來說，借錢是讓家庭以外的人來替我們工作。因爲是請外人工

以金錢為中心思考

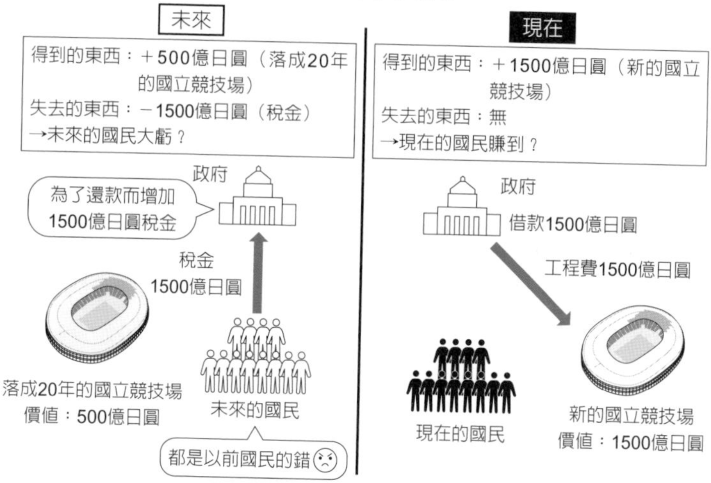
未來
得到的東西：＋500億日圓（落成20年的國立競技場）
失去的東西：－1500億日圓（稅金）
→未來的國民大虧？
政府
為了還款而增加1500億日圓稅金
稅金1500億日圓
落成20年的國立競技場
價值：500億日圓
未來的國民
都是以前國民的錯
現在
得到的東西：＋1500億日圓（新的國立競技場）
失去的東西：無
→現在的國民賺到？
政府
借款1500億日圓
工程費1500億日圓
現在的國民
新的國立競技場
價值：1500億日圓

以人為中心思考

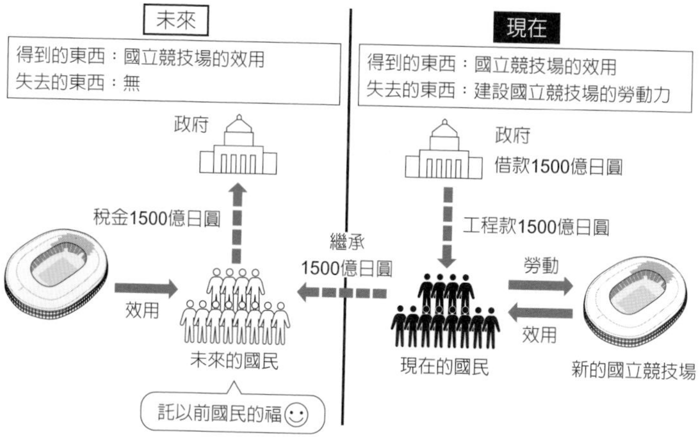
未來
得到的東西：國立競技場的效用
失去的東西：無
政府
稅金1500億日圓
效用
未來的國民
託以前國民的福
繼承
1500億日圓
現在
得到的東西：國立競技場的效用
失去的東西：建設國立競技場的勞動力
政府
借款1500億日圓
工程款1500億日圓
勞動
效用
現在的國民
新的國立競技場

作，所以總有一天要歸還，這是理所當然的。

然而，日本政府的借款，付出勞動的僅限國內的人，所以不用返還勞動。只是在國內把錢從一個錢包移動到另一個錢包而已。

※1 一千五百億日圓的借款會產生利息，但支付的利息也是從一個錢包移動到另一個錢包。

※2 實際上，維護管理也需要勞動力，這裡僅以建設的勞動力來思考。

階層差距只存在於「同世代」

在「國家錢包」中，有三個大錢包，分別是「政府錢包」「個人錢包」「企業錢包」。個人錢包是各個國民的錢包，企業錢包則是國內各家企業的錢包。

用掉的錢不會消失，只是移動到另一個地方。日本政府借款一千兆日圓，也是移動到個人錢包和企業錢包裡。

金錢在3個錢包之間移動

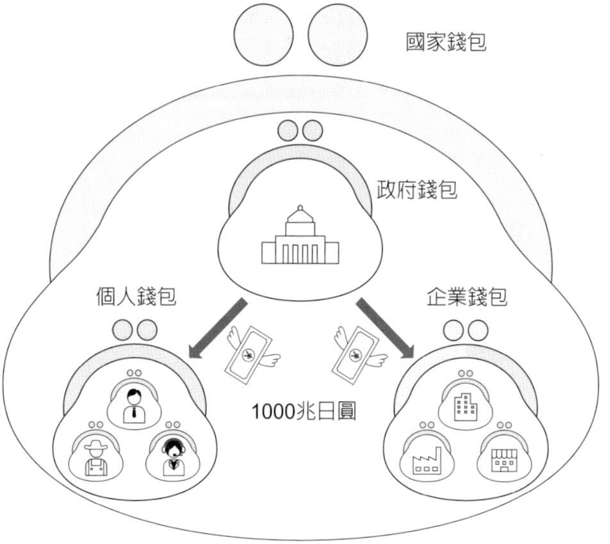

公務員、在醫院工作的醫生及護理師、爲了建造新國立競技場而工作的人們，他們爲了大家而工作，收到政府的錢作爲正當的報酬，然後用這些錢買食物、買衣服。政府借來的錢，就這麼流向大家的錢包中。

光是政府借款的部分，就能增加個人錢包和企業錢包裡的錢。不管時間過了多久，這些錢一定在某個地方，被某個人使用著、繼承著。如果政府爲了還款而對個人或企業徵收稅金，隨時都可以籌措到一千兆日圓。

你可能會認爲：「爲了過往的借款而徵收稅金，實在蠻橫無理。」但是就像〈第5話〉中提到銀行金庫的概念，個人和企業累積的存款，其實反過來看就是政府的借款。這些存款會從過去傳承給未來。

如果你認爲繼承個人的金錢是理所當然的權力，但是政府的借款和自己沒有關係，還因此怨恨過去的世代，這就說不通了。如果政府沒有借款卻徵收稅金，那麼個人和企業的存款大部分都會消失。

反過來說，只要政府不還錢，大家的錢就不會減少。我們再怎麼用錢，都只是在個人錢包和企業錢包之間移動而已。用的不是金錢，而是勞動。

即使世代改變，政府、個人、企業三個錢包裡的錢，總金額是不會改變的。借款持續增加，存款也會等額增加，所以不同世代間不存在階層差距。※

即使這麼說，或許還是不足以說服你。一千兆日圓的借款，除以日本總人口一億兩千萬人，每個人有八百萬日圓。你可能覺得自己既沒有這些存款，也沒有繼承。階層差距的確存在，但是只存在於同一個時代的人們之中。

政府用掉的錢不是平均分給每一個人，也不是平均讓每一個人勞動，更不是上一個世代均等的繼承到下一個世代。因此會產生差距。

這些差距並不完全是壞事，很多人都把金錢視爲自己勞動的報酬而存下來。有問題的是，政府花出去的錢讓某些人不當得利。而且，一旦產生階層差距，就會因爲繼承而成爲下一代的問題。

有關階層差距問題，還有很大的討論空間，但至少可以理解並沒有「不同世代間的階層差距」。

還是有問題尚未解決。如果存款和借款是一起繼承，那麼，因借款而破產的國家會變得如何？

這並不是很難的問題。「不勞動的國家」，唯有破產一途。

※此處的「世代間」，指生活在不同時代的人。例如，一九九〇年活著的所有人，和二〇二〇年活著的所有人相比，並不存在金錢上的階層差距。而不是說「現在的二十歲的人和六十歲的人之間沒有階層差距」。

會破產的不是「借錢的國家」，而是「不勞動的國家」

彙整一下到目前爲止討論的內容，「以社會整體來看，政府借款增加的時候，也意味著某些人增加了同額的存款」。如果社會等於國家，可以向國民徵收稅金來還款，所以國家不會破產。但是，我們生存的社會是國際社會，社會並不等於國家。

考量一個國家的財政問題時，必須要把範圍界定在國境之內。借用國境之外的勞動力，就必須歸還。要是負擔太重，會讓國家破產。

以前面出現過多次的例子來說，我們花費了一千五百億日圓建造新國立競技場，其中一部分的錢，是流入幫忙勞動的外國。例如進口鐵礦，就是付錢給在澳洲開採鐵礦的人們。

購買鐵礦時，錢就從國家錢包裡流出去了。如同〈第8話〉談到的貿易話題，這是在向外國「勞動借入」。※1

只有國內無法提供的建材，才從國外採購，就可以將增加的「勞動借入」

壓到最低限度。但是，如果因爲不想勞動，就將麻煩的建造工作全部委由外國去做，這一千五百億日圓就會全部從國家錢包裡流出去，創造大量的「勞動借入」。這時一千五百億日圓究竟是稅金徵收而來，還是發行國債而來，已無關緊要。

自己國家的貨幣慢慢流向外國，創造大量的「勞動借入」，最具代表性例子就是簽立凡爾賽條約時的德國，發生通貨膨脹、物資不足，國內一片混亂。外國大量持有本國貨幣，總有一天要爲外國工作，國家就有破產的危機。※2

另外，也有爲了獲得外國人的勞動，從一開始就借外幣，財政破產的阿根廷就是這種例子。像阿根廷這樣經濟不發達的國家，即使支付本國貨幣，也很難獲得他國的勞動。

所以阿根廷政府就借美元等具有世界性公信力的貨幣，才能讓外國人爲自己勞動。爲了歸還借來的外幣，未來的國民就必須工作取得外幣。如果不工作返還，國家就會破產。這種破產的原因，也是因爲向外國「勞動借入」。

財政破產的國家，其共通點就是讓其他國家勞動過多。※3我們並不是責備這些國家的國民怠惰，很多時候，是因爲國內政治、軍事等問題，或是像希臘一樣，因爲歐元經濟圈結構性問題，使得國內的勞動力無法有效運用。

不管事情原委如何，讓別人勞動，不工作返還，就會破產。不論是個人或是國家，這都是理所當然的。原因不在借款，而是在勞動。

※1就算進行外匯交易，也無法改變「勞動借貸」的事實。例如澳洲的鐵礦公司，利用外匯交易，賣掉日圓，買澳幣。這時候，如果交易的對象是日本的公司，雖然流到外國的日圓可以回到國內，但同時以「勞動借出」形式持有的澳幣也會減少。

※2也有「日本的借款全部都是本國貨幣，所以只要印鈔票隨時都可以還款」的意見。的確此舉是可以歸還借款，但是如果是向國外「勞動借入」，那就會像這個時期的德國一樣。

※3第一次世界大戰後的德國，並沒有讓其他國家勞動，但是因爲戰爭賠償，也陷入了「勞動借入」。

過去的世代累積了什麼？

話題回到日本的現況。

日本政府每年徵收稅金或發行國債，籌措一百兆日圓的預算，用這些錢來讓人們勞動。如果這些人都在國內，那錢就不會流到外國。

但是外國也有幫忙，還是有某種程度「勞動借入」。這和日本政府爲了借款而發行國債沒有關係。只要是透過進口等形式讓外國人勞動，那就無法避免「勞動借入」。※

另一方面，民間的經濟活動，出口比進口還多，也創造了許多「勞動借出」。政府和民間全部的經濟活動加總起來的「勞動借貸」，就是〈第8話〉提到的日本貿易順差和貿易逆差。

「國家錢包」裡有「政府錢包」「個人錢包」「企業錢包」。如果日本出現貿易逆差，就是外國大量持有日圓，日本創造了很多「勞動借入」。這麼一來，未來的日本人就必須爲了外國而勞動。

幸運的是，日本累積了大量的貿易順差，未來，只有外國人要爲我們勞動，我們不需要爲國外勞動。雖然日本政府有借款，但是未來不需要爲了繳更多的稅而付出額外的勞動，也不需要爲外國勞動。終於可以鬆一口氣。

接下來，終於要進入本書的正題。

雖然知道經濟的範圍是整個社會，但實際上我們往往還是會只關注自己的錢包。我一直想消除現代社會個人主義盛行，導致「對金錢的誤解」。我想，應該就是這種誤解，從空間上和時間上將人們切割開來。

空間上的切割，起因於「自己的生活是靠錢包裡的錢支應」的誤解。然而，在現實生活中，我們是靠錢包外部的人們互相支應。

時間上的切割，也就是世代間的切割，起因之一就是日本政府的借款吧！知道「現在富足的生活，是靠過去人們的積累」（第7話）也無法開心起來，因爲換來的是政府留下來大筆的債務。

但是這其實是誤解。政府的借款，換個角度看，就是個人和公司的存款。更不用說儲存外幣，其實是增加了對國外的「勞動借出」。

如果過去的我們做出了不同的選擇，或許會成爲更好的社會，但是現在的狀況已經算很不錯了。

時間從過去到現在，從現在到未來，持續流動。過去的人們互相合作，創造了現在的社會，現在的我們也是互相合作，創造未來的社會。

那麼，爲了未來的社會，我們該怎麼做？

思考的重要提示就隱藏在年金問題中。年金問題的核心，不是感謝打造現在社會的高齡者，而是要思考打造未來社會的孩子們。

※讓外國人爲自己勞動才是「勞動借入」。跟外國借錢，並不是「勞動借入」。舉例來說，A國長期爲日本工作，累積了十兆日圓。對A國來說，就是「勞動借出」十兆日圓。如果將其中三兆日圓拿來買日本國債，對A國來說也不會增加「勞動借出」。只有使用這三兆日圓讓日本國內的人爲其工作，錢才會留在日本。對日本來說，就算不爲A國工作，也可以利用增稅等方式籌措財源，歸還這三兆日圓。但如果將這三兆日圓拿來跟A國進口鐵礦，那對A國來說，又增加了三兆日圓的「勞動借出」。因此，重要的不是跟誰借，而是讓誰爲你工作。

最終話

為將來增加財富有意義嗎？

每個人都會老。為了將來養老準備，我們該怎麼做？

QUESTION

14

下列哪個方式可以消除我們對老後的不安？

A 比別人存更多的錢

B 外國比較可靠，多存一點外幣

C 整個社會一起養育小孩

ANSWER

?

隨著「我們」定義的不同，正確答案也不一樣

年金問題的搶椅子比賽

每年新年，NHK都會轉播維也納愛樂的新年音樂會，有超過九十個的國家進行轉播，是備受全球矚目的一大盛事。

音樂會的門票，最貴的一張將近十五萬日圓，而且不是有錢就買得到。座位不到兩千個，全世界的人都在搶，是世界上數一數二困難的搶座位大賽。

座位數量比想聽音樂會的人少，即使花錢也買不到，這就和日本等待保育園名額的「待機兒童」問題一樣。在這場搶椅子比賽中敗下陣來，就只能當

「待機兒童」等待空位。想要解決問題，任誰都知道只能增加座位數量。

最多人被迫參加的，就是年老的搶椅子比賽。

近年來，日本「養老金兩千萬日圓問題」引發大量討論。想要安度晚年，光靠年金是不夠的，一個家庭約需要準備兩千萬日圓的資金。如果能備好足夠的錢，等於是坐上了能安心養老的椅子。這也是「椅子數量」比「需求者」少的狀況。少子高齡化的趨勢下，年輕人口減少，無法爲眾多的高齡者勞動。

因爲座位數量有限，大家錢存得越多，座位的價格就越高，有可能存到兩千萬日圓也不夠。想要在比賽中勝出，唯有比其他人存更多的錢。所以我們研究股票、匯兌、虛擬貨幣等等「投資」，想靠賭博勝出。

可是，如果想從根本解決問題，還是想辦法增加座位數量比較好。何謂經濟、何謂金錢，我們有必要重新思考。

年老的問題，會成爲我們思考未來的契機。

年金也是「金錢的移動」而已

首先來看看年金制度的機制。

之前曾經說過，國家錢包裡有三個大錢包——政府錢包、個人錢包、企業錢包。事實上還有第四個大錢包，就是「年金錢包」。雖然多了一個錢包，但本質並沒有改變，金錢只是在錢包之間移動而已。

以日本的年金制度來說，二十歲到六十歲的工作世代，每個人每個月都要繳納年金保險費。這些錢由年金錢包管理，以年金的形式發放給六十五歲以上的退休世代。

政府錢包還要撥補一些錢到年金錢包，其中當然包含我們繳納的稅金。年金錢包裡的錢會投資股票或國債，收益會再放回錢包裡。這就是年金制度的梗概。

隨著少子高齡化，工作世代人口不斷減少，退休世代人口持續增長。因此，年金保險費迄今已經調升過好幾次，每年政府撥補的金額也節節高升。

很多人對此表示不滿：「以前的人應該多繳一點保費。如果年金錢包裡

年金制度

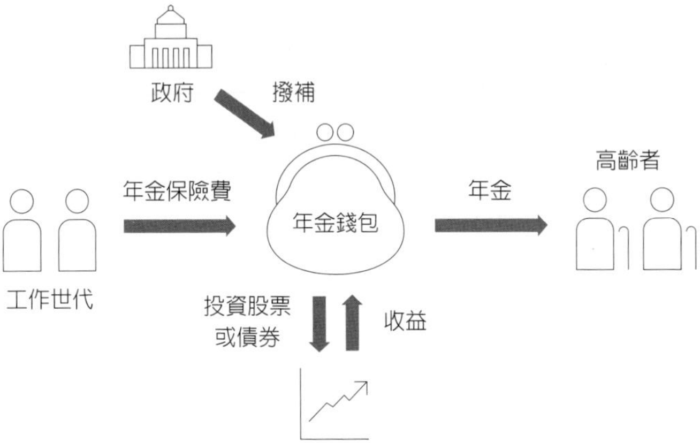

有多一點錢，我們的負擔就可以少一點。搞得我們不得不額外多做工作。」

這和前面日本政府借款問題有相同的誤解。過去的人無法驅使現在的人爲他工作。金錢沒有消失，只是移動到某處而已。

假設，現在年金錢包裡有兩百兆日圓，個人錢包裡有一千兆日圓。如果過去的年金保險費增加，現在的年金錢包可能從兩百兆日圓變成四百兆日圓，但同時，個人錢包也會從一千兆日圓減少爲八百兆日圓。也就是說，我們從雙親那裡繼承的錢變少了。

投資所得到的收益，也是從其他錢包中移動過來

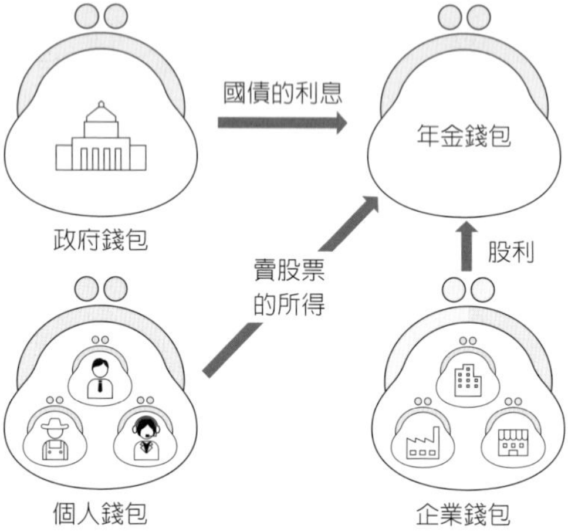

從政府拿到的錢，當然也是從政府錢包中移動過來。

年金錢包中，投資所得的收益，也是從一個錢包移動到另一個錢包。股票的股利是從企業錢包移動到年金錢包，國債的利息是從政府錢包移動到年金錢包。持有的股票股價上漲，看起來錢好像變多了，不過，如果沒有把股票賣掉，是無法變現的。然而，這些錢也是從買股票的人的錢包中移動過來。這一切都在四個錢包之間進行金錢的移動。

爲了準備兩千萬日圓的養

老費而進行「投資」，即使金錢增加了，同樣也是在錢包之間移動，只不過是互相爭奪金錢而已。

如果只是事關個人，會有「早知道就多存一點錢」的後悔心態也是常理。因爲認爲自己的錢包有「外面」，才會這麼想。可是，就如同前文的說明，年金相關的金錢移動，是在國家錢包裡發生，從國家整體來看，存錢並沒有意義，也不需要因爲花太多錢而感到懊悔（國外的部分後續再討論）。

年金問題的原因，不是因爲存的錢不夠。不是前人的錯，更不是錢的問題。

那麼，問題在哪裡？到底高齡化社會增加的「負擔」，眞面目到底爲何？

所謂的負擔不是付錢

聽到「負擔」這個詞，都會聯想到要支付金錢。談到年金問題，請仔細看下頁的表格。這份資料呈現少子高齡化之下，人口逐漸失衡。

工作世代持續減少，高齡者持續增加。一九七〇年時，每八．五人扶養一

年金問題層出不窮的日本人口平衡表

西元	20～60歲 工作世代（A）	65歲以上 高齡者（B）	A / B
1970	62,502（千人）	7.331（千人）	8.5
1980	70,607	106,653	6.6
1990	76,105	14,928	5.1
2000	78,878	22,041	3.6
2010	75,642	29,484	2.6
2020	68,829	36,191	1.9
2030	63,716	37,160	1.7
2040	55,426	39,206	1.4
2050	48,730	38,406	1.3

出處：2020年以前為日本總務省統計局的人口推估；2030年以後為國立社會保障與人口問題研究所的日本未來推估人口（2017年推算）。

名高齡者，二〇二〇年減少至一・九人，照這個趨勢走下去，到二〇五〇年，每一・三個人扶養一名高齡者。

這張表格也能夠說明年金保險費或稅金調升的理由。但是，如果認爲支付金錢就是「負擔」，我們就無法從「年金問題是錢的問題」的誤解中走出來。要是以爲「如果年金錢包裡有多一點錢，我們的負擔就可以少一點」，那又回到先前議論的地方。

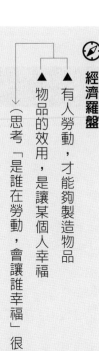

我們再看一次經濟羅盤：

經濟羅盤

▲有人勞動，才能夠製造物品

▲物品的效用，是讓某個人幸福

（思考「是誰在勞動，會讓誰幸福」很重要）

△金錢的價值，在於未來能獲得別人的服務

△金錢不會增減，只會移動

我們能夠生活，是因爲有「勞動的人」。因爲有勞動的人，錢才開始有了價值。二〇二〇年的時候，一．九個勞動的人要扶養一個高齡者的事實，即使年金保險費或稅金減少，也不會改變。從勞動的觀點來看，整個社會的負擔沒有任何改變。

照顧雙親亦然。以往有四、五個兄弟姊妹分擔，現在只有一、兩個孩子必須承擔。高齡化社會的難處，就在於每個人勞動的負擔增加了。

再次重申，一定要去思考「經濟是什麼」。

我們對社會運作所負擔的責任是「勞動」。藉由勞動生產產品，並將成果分享給整個社會。結果會讓我們每個人的生活變得富足，這就是經濟。

便利商店的飯糰、家裡餐桌上的飯糰、災區的賑災飯糰，全都是某個人勞動做出來的。產品的生產並不一定需要金錢，有些是無償的勞動。但是，如果沒有勞動的人，就不可能有產出。**如果社會上盡是「付錢就是大爺」心態的人，也無法產出任何東西。**

「付錢」對社會來說不是負擔，「爲了賺錢而工作」，對社會才是負擔。

不過，專家們仍然把經濟話題當作金錢話題。前面提到政府的借款問題也是，只在意向誰借錢，而沒有注意到國內的人的勞動。

關於年金，也是討論「相較以往，年金保險費增加了」「領到的年金變少了」等年金的籌措和支付方式，完全只聚焦在金錢的問題上。其實重點並不在此，而是金錢背後的勞動人口減少了。如果沒有察覺到勞動的人，就無法解決年金問題。

遺忘「育兒負擔」的現代社會

如果你是從二〇五〇年才開始領取年金，到時候狀況會更加惡化。一・三人要扶養一名高齡者，恐怕是很吃力的事情。即使六十五歲，很多人還是必須繼續工作。

回顧五十年前的一九七〇年，是八個以上的工作世代扶養一名高齡者。年金保險費也比較少，那時候的人似乎負擔比較輕，很幸運。

其實並非如此。從金錢的流向看到的負擔，只是整體的一部分而已。當時

社會的育兒負擔減少

西元	20～64歲 工作世代（A）	0～19歲 小孩（C）	A / C
1940	34,733（千人）	33.746（千人）	1.0
1950	41,093	37,998	1.1
1960	50,693	37,376	1.4
1970	62,502	33,887	1.8
1980	70,607	35,801	2.0
1990	76,105	32,579	2.3
2000	78,878	26,007	3.0
2010	75,642	22,932	3.3
2020	68,829	20,688	3.3
2030	63,716	18,249	3.5
2040	55,426	16,287	3.4
2050	48,730	14,787	3.3

出處：2020年以前為日本總務省統計局的人口推估；2030年以後為國立社會保障與人口問題研究所的日本未來推估人口（2017年推算）。

的社會，還有金錢無法呈現的巨大負擔，那就是育兒。

上一個表格是工作世代與高齡者的人口平衡表，這張表格則是工作世代與小孩的人口平衡表。

一九七〇年步入老年的人，育兒時期是在一九四〇年，當時每一個孩子由一個工作世代扶養。二〇二〇年，每一個孩子增加到由三．三個工作世代扶養。

因爲有養育孩子的負擔，所以數十年後，當孩子可以工作的時候，才能享受到人口平衡的好處。

提到少子化問題，一定會從「生」小孩開始聊起。一九四〇年的日本，每個女性一生生育的子女數，也就是出生率，超過四人。但現在日本的出生率下降至一．三人。

是不是很不可思議？

談到年金問題的時候，經常會聽到「每一位高齡者由幾位工作世代扶養」，但是卻幾乎沒有提到「每一個小孩由幾位工作世代扶養」。每一個女性生育的子女數也被忽略。

不禁讓我覺得，在現代社會中，似乎都只看到高齡者的生活需要社會幫助，而沒有注意到育兒也要整個社會共同參與。

育兒負擔減少的問題，並不是「雙親」的事，而是「社會」的事。我們的社會沒有在養育孩子。

生活在現代的我們，只著眼於高齡者的比例，抱怨負擔太大，卻沒看見生兒育女的負擔也減少了。

爲了不增加未來的負擔，我們必須增加育兒負擔，恢復人口平衡。千萬不要誤解，是社會的育兒負擔減少了，而不是雙親的負擔。雙親的負擔毋寧說是更重了。

忘卻以「互助合作」爲目的的經濟

以前的社會能夠養育很多小孩，是因爲負擔養育的不只是雙親，還有整個社會。這裡所說的「負擔」不是指錢。除了父母親之外，住在附近的親戚、鄰居都會幫忙照料孩子，整個社區共同養育小孩。社會整體在養育小孩方面是互助合作的。

現代的日本，社區很少幫忙負擔照料孩子。社會也失去了互相協力養育小孩的寬容。

帶小小孩外出的時候，周遭的人總是側目以待。如果偶爾能投以溫柔的眼光，對方一定會備感溫暖。因爲小孩很吵，所以限制使用公園；因爲土地資產價值會跌價，所以反對建設育兒支援設施。最後這個案例是把經濟的手段當成了目的。

過去在社區社會中，有不用金錢、互助合作的經濟模式存在。只有請外部的人勞動才需要花錢。金錢只是手段，我們利用金錢的交涉力，讓陌生人幫忙勞動。

但是，當使用金錢的經濟變成理所當然後，經濟的目的就變成「增加金錢」了。沒有帶來GDP的無償互助，不會被計算在經濟活動中，而是歸類到道德領域。

少子化問題，象徵現代人已經遺忘經濟的目的是互助合作。請務必記起，人們需要互助生活，所以才產生經濟，用錢互助合作，只不過是其中一個手段而已。

養育小孩的沉重負擔只落在雙親肩上。如果雙親要尋求其他人的幫助，只能花錢托兒，或是找家事服務。

要解決少子化的問題，在金錢層面上來說，必須增加支援育兒家庭的制度，讓整個社會來幫忙。

更重要的是，我們每一個人要有「社會育兒」的意識，對於孩子有更多的包容。

不管土地資產價值如何上升，如果沒有小孩，也無法支撐未來的社會。因為未來根本沒有人來買土地。

「投資」是為了未來勞動

適當的投資，有助於解決未來的問題。

「消費」與「投資」這兩種金錢的流向，決定了我們如何使用勞動力。把錢拿去消費，我們的勞動就是爲了現在；如果拿去投資，那就是爲了未來所使用。

例如，投資一百億日圓，買下研發機器人公司的股票。如果只看錢的話，會覺得是拿這一百億日圓去賭博；但是如果看勞動的話，會發現這一百億日圓是給了爲未來工作的人們。如果能因此研發出看護機器人，就可以減輕未來社會看護的負擔。

如果以賺錢角度來看，這項投資是否會成功，要看將來的股價。如果股價漲，那就賺大錢。但是以社會整體的觀點來看，股價沒有意義。投資人賣掉股票拿到的錢，只是從其他錢包轉移過來而已。

對於社會整體而言，重要的是因爲投資而產生的效用。也就是現在的人付出一百億日圓的勞動，能夠爲未來的生活帶來多大程度的便利與富足。

公共投資、民間投資的目的，都是打造未來社會※1。增加投資，意味著讓更多人爲未來工作，投資什麼，就代表你想要什麼樣的未來。

近年來，致力於ＳＤＧｓ※2的公司備受矚目，投資這樣的公司，完全就是「想要創造什麼樣的未來」意志的表現。

然而，投資充其量也只是一種手段。如果是爲了吸引資金而標榜SDGs，或是爲了賺錢而投資標榜SDGs的公司，都不會讓未來的社會更好。

如果是在國內進行投資，金錢是在國內的錢包之間移動，所以國內的錢不會增加。但如果是投資海外，就是在「國家錢包」之外發生金錢交易。海外投資的獲利，會以外幣的形式進入「國家錢包」。與貿易相同，投資所獲取的外幣，也能夠增加對外國的「勞動借出」。未來，國內必要的勞動力，一部分可望由外國人負擔。這也是解決未來「國內」問題的方案之一。

※1光看金流，會覺得年金錢包所做的投資毫無意義，但是投資的錢能夠增加未來社會的效用，從這點來看就有很大的意義。

※2二〇一五年，聯合國大會宣布了永續發展目標（SDGs），包含「增進全人類的健康與福祉」「爲所有人提供高品質的教育」「對氣候變遷提出具體對策」等十七項目標，以及一百六十九項細項目標。

所謂的「我們」是誰

那麼，回到一開始的謎題。

QUESTION 14

下列哪個方式可以消除我們對老後的不安？

A 比別人存更多的錢
B 外國比較可靠，多存一點外幣
C 整個社會一起養育小孩

如果「我們」是指自己和家人，那A是正確答案，比別人存更多的錢，就能在搶椅子比賽中勝出。相較於B和C，實踐A比較有效果。但如果「我們」擴及到全國，那A就不是正確答案，B和C才是正解。

那麼，如果「我們」是「社會整體」，又是如何？

選項B就要刪除。存外幣是把國內的問題往國外推。C「整個社會一起養育小孩」才是唯一的正解。

我們生存的社會有各式各樣的問題。如果是物資或勞動分配不均的問題，或許給錢就可以解決。

但是，社會整體的問題無法用錢解決。會認爲用錢就能夠解決，是因爲「我們」還局限在狹小的範圍內，將問題往「我們」的外面推。

如果「我們」的範圍擴及到整個社會，金錢就無用武之地。金錢的存在消失，勞動的存在浮現。我們是利用大自然的資源，共同勞動，互助合作來解決問題。

「我們一定要愛護大自然。我們要共同勞動，互助合作生存。」

這種道貌岸然的說詞已經聽到不想再聽，雖然沒有人會質疑，卻也不認爲這和經濟有關。可是，我們從一開始讀到現在，深入思考經濟和金錢，也得到同樣的結論。

在一座小島上，人們必須互助合作才能活下去。小島上沒有貨幣。有人去海裡捕魚，有人去森林裡採集果實和菌菇。有人花了一整年種米和蔬菜，也有人建造在隆冬可以擋避風雪的房子。小島上的人一邊維持現在的生活，一邊爲了迎接更美好的未來而互相幫助。

沒有使用金錢的經濟，是以「人」爲中心。因爲都是想著「是誰在勞動，會讓誰幸福」，所以可以很直覺的理解經濟。

就算小島的人口變成一億兩千萬，導入了金錢的機制，但是大家必須互助合作才能夠生存這一點並沒有改變。不過，習慣了這種生活之後，就變成以「金錢」爲中心來思考經濟。經濟已經不再直覺，變得很難懂。

「經濟這麼困難的議題就交給專家們。經濟應該會在某處發揮機能。我自己只要多賺點錢，未來就會變得更好。」

如今淪爲這樣的思考模式。

在第3部中，我們將貿易、通貨膨脹、日本政府舉債、年金問題等，都修正以「人」爲中心。只要去思考「是誰在勞動，會讓誰幸福」，經濟就是這麼簡單又直覺。

專家們所說的「爲了經濟」，到底是爲了誰？如果你有所懷疑，請保持質疑。聽不懂他們的專業術語也沒關係，你要相信自己的直覺。經濟本來就很簡單，也是很平易近人的議題。

後記

「我們的圈圈」要如何擴大？

從頭到尾我都在談錢。

但是金錢話題追根究柢，其實很接近道德。因爲要把「我們」的範疇，擴大到整個社會。

我們周圍有一個可稱之爲「我們的圈圈」的界線，區分出裡面和外面。如果將這個圈圈擴大，那社會就會變得更好。生活於現代社會，感到孤立與封閉，應該也可以靠擴大圈圈來沖淡。

那「我們的圈圈」要如何擴大？

這是最後一道謎題，希望大家能跟我一起思考。

「我們的圈圈」會隨著狀況而有所變化。例如一邊說著「我們晚餐要吃什麼」，一邊打開家裡的冰箱，此時，這個圈圈裡的就是家人。在別的狀況下，有時候，公司共事的同事會進入圈圈；有時候，生活在同一個國家裡的所有人也會是同一個圈圈。

「我們的圈圈」，也可以說是**有共同目標的範圍**。在圈圈內的「我們」，是為了達成共同目標而互助合作的夥伴。「過家庭日常生活」是家人共同的目標，因此，「我們」分擔煮飯、打掃、育兒等工作，達成這個目標。

但是，也有一些事情光靠圈圈裡的人互相幫忙，還是無法完成，這個時候就需要花錢請圈圈外的人幫忙。金錢的力量強大，讓我們很容易忽略在圈圈外幫助我們的人。

我在想，本書前言提到的「蕎麥麵之謎」，答案應該就在這裡。圈圈內的人勞動，我們會感受對方的貢獻。但如果是圈圈外的人，我們就會認為是付錢的人的功勞。我們對於圈圈內側和外側的看法大相逕庭。

小時候，如果午餐想吃蕎麥麵，經營蕎麥麵店的雙親就會做一碗給我。圈圈裡的人幫自己的忙，會覺得是恩惠而心懷感謝。

但如果你家不是蕎麥麵店，想要自己做蕎麥麵很困難，只能去超市買，或是全家去蕎麥麵店吃，需要圈圈外的人的協助。

這個時候，你感謝的對象，往往不是「爲我勞動的人」，而是「爲我付錢的人」。如果是爸媽帶你去蕎麥麵店，就要感謝付錢的雙親。而在付錢的客人中，就有覺得自己付錢就很了不起。

圈圈的內外之分，端看是否有共同目的。蕎麥麵店爲了賺錢而工作，客人則認爲自己付了錢才有麵可以吃，沒有共同的目的。

要擁有共同的目的的，方法只有一個，就是察覺金錢的另一端有「人」的存在。

蕎麥麵店爲了「讓客人吃到美味的蕎麥麵」而工作，客人則認爲「店家是因爲我想吃美味的蕎麥麵而工作」。這樣兩人的目的就一致了，可以進入「我們的圈圈」。付錢的動作，也成了對爲自己勞動的人的感謝。

這不是什麼冠冕堂皇的場面話。因應狀況不同，在現實中，每個人不知不覺都這樣做。

二〇二〇年，新冠肺炎疫情讓世界天翻地覆，社會上出現了「必要工作者」（essential worker）一詞，泛指醫療人員、糧食生產者等爲了維持生活運作而工作的人們。

他們雖然是拿錢工作，卻是具有「維持日常生活」共同目的的夥伴。所以很多人會覺得他們是圈圈裡的人，對他們的付出表示感謝。應該很少人會認爲「因爲我付了錢，理應如此」。事實上，發放給抗疫的醫療人員每人二十萬日圓慰問金，幾乎沒有人反對，因爲那是代表對於一起奮鬥的夥伴的感謝。

發生災害時，我們的圈圈會急速擴大，會眞切的感受到彼此互相幫助，產生社會一體的感受。當全民一心，對於社會上發生的事就不會置身事外。

發生災害時，我們的圈圈之所以會擴大，是因爲大家擁有「恢復正常生活」的共同目標。還有一個理由，那就是大家明白要達到目的，並不是光靠金錢就可以。

東日本大地震發生之際，自衛隊和很多義工都到東北救災。連美軍以及很多國外的人們也趕到日本參與救災。大家都清楚即使有錢，如果沒有人在現場，也無法解決問題。全世界爲了共同的目標，互相協助。

在最艱難的時刻，社會也因此產生大範圍的共感。不只國家，全世界的人們都會互助合作。並不是因爲災害發生，改變了社會的機制，改變的是我們的感受。

光靠錢無法解決的問題，不限於災害的時候。承平的年月，也沒有任何問題是用錢就解決的。付錢只是把問題丟給圈圈外的人，一定要有「人」才能夠解決問題。

但是，現代「金錢萬能」的錯覺蔓延。就像養老金兩千萬日圓的問題一樣，以「投資」爲名，行賭博之實，只想賺大錢，「我們的圈圈」會慢慢變得越來越小。

大家是否有共同的目標，端視我們每一個人的感覺。突如其來的新冠肺炎疫情，並不會讓超市店員突然萌生「重點工作者」的使命感。而是平常的時候，每個人都或多或少抱持著一份使命感在工作。

我也好，其他人也好，應該都不是只以增加自己的財富爲工作的唯一目的。忙碌的時候會幫同事的忙，也會想到要讓客人幸福。

金錢會隱藏人的存在，但金錢的背後，一定有人。去回想這種存在，並增加可以共同努力的目標，那「我們的圈圈」一定可以變得更大。

前面有稍微提及SDGs，其中包含十七個大目標。如果這些可以成爲我們共同的目標，那「我們的圈圈」不只是擴及到全世界，還擴展到未來。因爲打造永續的社會，是可以和未來的人共有的目標。

SDGs揭示的目標，如「消除貧窮」「增進全人類的健康與福祉」「爲所有人提供高品質的教育」「實現性別平等」「建構永續的城市與鄉村」「建立和平、正義、廣納民意的體系」等等，如果能一一實現，那「我們」絕對是會幸福滿滿。這裡所謂的「我們」，當然是指全世界的人。

本書是以人爲中心來看經濟。使用金錢的經濟，爲了實現人們的幸福而存在。

但是，以金錢爲中心來看經濟，手段和目的就會本末倒置。

「不能放過這個賺錢的大好機會，所以要努力搭上SDGs。」

「爲籌措資金，應該把SDGs放進企業理念中。」

有這種想法的經營者和顧問其實很多。好不容易擴大到全世界的「我們的圈圈」，又急速緊縮到一個企業大小。

有些專家在談論社會整體時，會主張「爲了經濟效益和雇用，應該推行SDGs。」

如果覺得他們所說的「經濟」很難懂，希望你不要再認爲是自己的知識不足。他們所謂「經濟」的目的，不是在增進人們的幸福，而是在增加財富和工作。所以如果聽不懂他們的理論，也不需要在意。

既然經濟的目的是讓人們幸福，那就不能全部都丟給專家，你自己應該要有想法。經濟沒有這麼困難，相信你已經感覺到了。

思考經濟的時候，請把金錢挪開，去看看在背後的人。當你拿到錢的時候，就是你讓某個人幸福的時候。付錢的時候，則是有人在爲你勞動。是誰在勞動，會讓誰幸福，只要思考這一點，經濟可以既簡單又直覺。

金錢的另一端是人。

只要每個人都有這個意識，就能擴大「我們」的範圍。經濟的目的就會從增加財富與工作，轉變爲增添幸福。

一個人起心轉念，並不能立即撼動社會。政治、金錢的使用方式，也不會有任何改變。

可是——

就算每一個人力量微小，但也不是零。雖然是精衛塡海，但我試著寫了這本書。對於要如何擴大「我們的圈圈」，這本書就是我的答案。

爲了讓社會變得更好，我想，只能匯集每一個人的微小力量。

你認爲呢？

二〇一九年九月

田內學

Eurasian Publishing Group
圓神出版事業機構
用心與你對話．視野無限寬廣
先覺出版社
Prophet Press

www.booklife.com.tw
reader@mail.eurasian.com.tw

商戰 221

金錢的另一端是「人」

高盛前交易員教你大人、小孩都看得懂的幸福經濟學

作　　者／田內學
譯　　者／張佳雯
發 行 人／簡志忠
出 版 者／先覺出版股份有限公司
地　　址／臺北市南京東路四段50號6樓之1
電　　話／（02）2579-6600．2579-8800．2570-3939
傳　　真／（02）2579-0338．2577-3220．2570-3636
總 編 輯／陳秋月
資深主編／李宛蓁
責任編輯／劉珈盈
校　　對／劉珈盈．朱玉立
美術編輯／林韋伶
行銷企畫／陳禹伶．黃惟儂
印務統籌／劉鳳剛．高榮祥
監　　印／高榮祥
排　　版／杜易蓉
經 銷 商／叩應股份有限公司
郵撥帳號／ 18707239
法律顧問／圓神出版事業機構法律顧問蕭雄淋律師
印　　刷／祥峰印刷廠
2022年4月　初版

定價 350 元　　ISBN 978-986-134-414-0

思考經濟的時候，請把金錢挪開，去看看在背後的人。當你拿到錢的時候，就是你讓某個人幸福的時候。付錢的時候，則是有人在爲你勞動。是誰在勞動，會讓誰幸福，只要思考這一點，經濟可以既簡單又直覺。

——田內學《金錢的另一端是「人」》

國家圖書館出版品預行編目資料

金錢的另一端是「人」：高盛前交易員教你大人、小孩都看得懂的幸福經濟學／田內學 著；張佳雯　譯 . -- 初版 . -- 臺北市：先覺出版股份有限公司，2022.04
272 面；14.8×20.8 公分 --（商戰系列；221）

ISBN 978-986-134-414-0（平裝）

1.　經濟學

550　　111002265